외환은행 전경

FERRUM
FAIR TRADE CAFE

외환은행 외벽 · 커튼월 상세

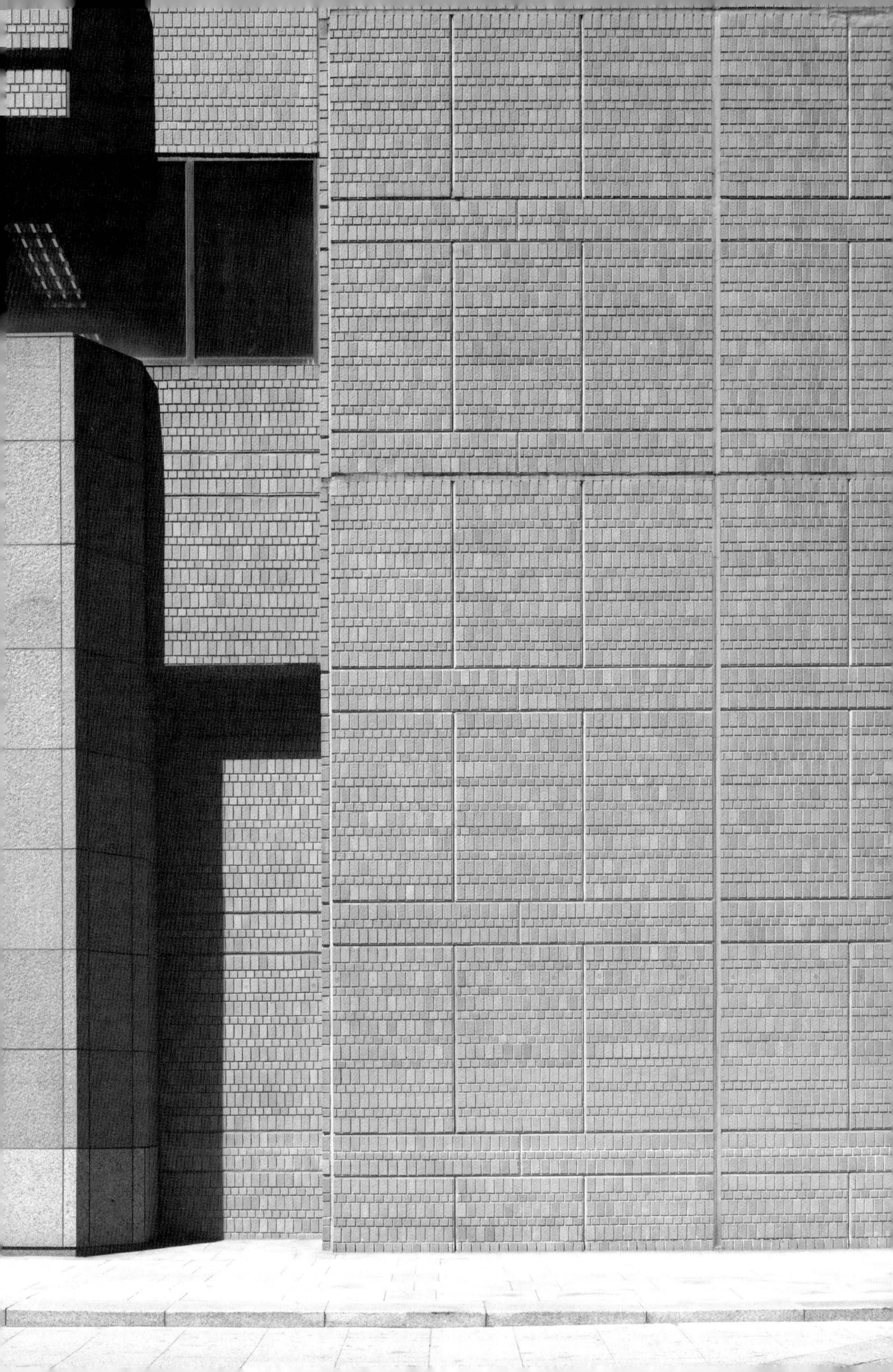

외환은행 선큰 가든

외환은행 별동

외환은행 메인 로비

KEB 하나은행

외환은행 저층부(포디엄) 로비

KEB 하나은행

사학연금회관 남동측 전경

한화투자증권
KDB산업은행

사학연금회관 북동측 전경

사학연금회관 저층부 상세

사학연금회관 주 출입구

한국교직원 공제회
The

사학연금회관 메인 로비

사학연금회관 로비 계단

서울대학교 본관 전경

서울대학교 본관 입구

서울대학교 본관 주 출입구 상세

연세대학교 100주년 기념관 전경

연세대학교 100주년 기념관 남서측 전경

YONSEI,
Leading
the Way to the Future
HOSPITAL
201

전주서문교회 서측 전경

전주서문교회 남서측 전경

에스원
본당

전주서문교회 종탑 동측면

전주서문교회 북동측 전경

전주서문교회 남측

전주서문교회 주 출입구

전주서문교회 2층 로비

전주서문교회 본당 내부

전주서문교회 창립 124주년 및
종교개혁 500주년 기념 말씀사경회
강사 : 문병호 목사 (총신대학교 신학대학원 조직신학 교수)
일시 : 2017년 6월 19일 (월) - 22일 (목)
주제: "그리스도 예수의 마음"
말씀사경회
새벽(5시)
오전(10:30)
19일 (월)
20일 (화)
21일 (수)
22일 (목)
보혜사 성령을 받은 표
그리스도와 함께 한 상속자
그리스도의 말씀을 들음
은혜와 진리가 충만하신 주
다 이루신 의를 모두 우리 것으로 삼으심
머리이신 주께로 자라감

전주서문교회 실내 벽 상세

전주서문교회 종탑 내부 상세

아파트 3단지 기린놀이터 앞 312동 전경

문촌주공아파트 322동에서 바라본 3단지 북쪽 전경

324

둔촌주공아파트 3단지 고층형 서쪽 전경

305

둔촌주공아파트의 오래된 조경수

둔촌주공아파트 단지 내 도로

둔촌주공아파트 복도형 건물 입면

317

둔촌주공아파트 312동 복도

김정철과 정림건축
1967–1987

발간사

선대의 어깨 위에 서서

김형국
정림건축문화재단 이사장

샤르트르 대성당 스테인드글라스에는 네 명의 위대한 히브리 선지자 어깨 위에 사복음서 저자들이 앉아 있다. 그 어깨 위에서 비로소 구약의 선지자들이 열망했던 메시아를 볼 수 있었다는 의미일 것이다. 고전 물리학을 완성한 뉴턴도 "내가 멀리 바라볼 수 있었다면, 그것은 거인들의 어깨 위에 섰기 때문이다"라고 말했다. 곰곰이 생각해보면, 우리는 모두 꼭 거인이 아니어도 누군가의 어깨 위에 서 있는 셈이다. 앞서 걸어갔던 사람들이 모두 후대에 기릴 만한 유무형의 유산을 남긴 것은 아니지만, 우리는 선조들의 유산 덕에 모든 일을 처음부터 다시 시작할 필요가 없는 것이다. 인류가 누리고 있는 모든 것은 이렇게 선대들의 노고와 그 결과로 남겨진 유산 덕분이다. 그러므로 만약에 후대에 뭔가를 남기고 싶은 사람은, 반드시 자신이 서 있게 된 '어깨'를 잘 이해하고, 때로는 해석하고, 그리고 정리할 필요가 있다.

불행히도 한국 사회는, 문화계는 물론 사회 전반에서 우리 선대들의 유산을 소중히 여길 줄 아는 겸손함과 넉넉함이 없었던 것 같다. 너무 빨리 달려야 했기에, 과거를 정리하기는커녕 오히려 지워가면서 오늘에 이르렀는지도 모른다. 건축계도 예외는 아니다. 일반인도 알만한 몇 명의 유명 건축가들만이 한국 건축을 이끈 것같이 여겨지고, 자신의 이름보다는 후대에 남길 유산을 고민하며 자신의 길을 걸어간 건축가들은 거의 알려지지 않고 있는 실정이다. 사정이 이렇다 보니 한국 건축계는 기술력이나 예술적인 성취에도 불구하고 늘 외국 유명 건축가의 그늘에 가려 있고, 그나마 사람 사는 공간에 대한 애정보다는 외적 규모와 성공이 건축가를 평가하는 척도처럼 여겨지는 것 같다.

한국 사회가 급속도로 도시화와 산업화를 진행하고 있을 때 건축가들이 한국 사회에 끼쳤던 영향과 그 유산이 제대로 평가되지 못한 상황에서, 나의 선친이신 건축가 김정철과 정림건축이 1967년부터 20년 동안 남긴 유산을 정리한 이 책이 나오게 된 것을 기쁘게 생각한다. 아버님은 늘 "건축은 사람을 위한 것이어야 한다", "건축은 홀로 빛나는 작업이 아니라 함께 하는 일이다"라는 말씀을 해오셨는데, 당신의 인생을 바친 건축 작업과 '정림'이라는 건축 집단을 세워간 이야기가 처음으로 제대로 정리되고 조명을 받게 되어서 참으로 다행이다. 그것도 아버님 소천 7주기와 정림건축 50주년을 맞아 이 책을 발간하게 되어 더욱 감사하다.

이제 한국 건축계도 선대들이 남겨놓은 유산을 제대로 조명하고 해석하여, 취하고 계승할 것은 계승하고, 한계를 극복할 것은 극복하여 새로운 유산을 후대에 남겨야 할 때가 아니겠는가? 우리는 모두 선대의 어깨 위에 서서 우리를 따라오는 후대에 든든한 어깨가 되어주어야 하기 때문이다.

건축가 김정철과 그와 함께 정림건축에 몸담고 밤을 새워가며 "청사진 덮고 쪽잠을 잤던" 수많은 건축가들에게 이 책을 드리고 싶다.

조직 설계의 개척자

박성태
정림건축문화재단 상임이사

건축가이자 정림건축과 정림건축문화재단 설립자인 김정철 선생은 2010년 9월 27일 새벽에 타계했다. 향년 79세. 어느덧 7년이 지났다. 그의 뜻에 따라 다음 해 4월 26일 정림건축문화재단이 설립됐다. 그는 평생 신앙인으로서 '청지기의 삶'을 살고자 노력했다. 복음에 빚진 자로서 한빛누리재단에 이어 정림건축문화재단을 만들어 나눔을 실천한 것이다.

김정철 선생은 건축가로서 뛰어난 작품을 남겼다. 외환은행 본점과 전주서문교회가 대표작이다. 한국 현대건축사에서 은행 본점 및 고층 오피스 건축과 종교 건축에 그가 끼친 영향력은 크다. 한국의 산업화 시기 고층 건물과 교회 건축의 새로운 언어를 만들어냈다. 그러나 건축가 김정철 선생에 대한 건축사적 조명 작업은 그리 많지 않다. 김정철이라는 건축가보다는 정림건축이라는 조직만 세상에 알려져 있다. 자신만의 작품세계를 추구하는 독자적인 건축 언어나 화려한 건축적 행보가 그의 삶에서 찾아보기 어려웠기 때문이다.

김정철 선생은 자신을 주장하기보다는 오히려 다른 이들의 의견에 귀 기울이는 따뜻하고 감성적이며 합리적인 건축가였다. 건축 조형과 언어의 홍수 속에서 그는 밋밋하지만, 한결같이 든든한 반석 같은 건축가였다. 개인보다는 함께하는 건축가들을 신뢰하는, 그러면서도 그들을 잘 이끌었던 부드러운 카리스마가 넘치는 건축가였다. 그는 한 사람의 거장에게 의지하는 방식이 아닌 오케스트라 지휘자 같은 건축가를 지향했다.

선생은 1932년 평안남도 평양에서 태어났다. 동시대 건축가 김수근 선생과 한 살 차이밖에 나지 않는다. 그는 김수근의 반보 뒤에서 다른 길을 걸었다. 김수근이 조형 의지를 앞세웠다면, 김정철은 '조직 설계에 의한 토털 디자인'을 바탕으로 사회의 변화가 요구하는 새로운 건축이 무엇인지를 탐구했다. 그가 설립한 정림건축이 세대를 넘어 50년 넘게 건강하게 지속해 오고 있는 것도 이런 그의 작업 태도를 이어온 덕분이다.

우리 도시를 이루는 대다수 업무·주거 공간은 개인 건축가의 작업이 아니다. 규모가 큰 건축물을 설계한 종합설계사무소의 역할이 절대적이지만, 그 성과에 대해서는 그동안 역사적이고 비평적인 연구가 활발히 이루어지지 못했다. 여러 주체가 모여 협의를 통해 디자인한 경우도 있고, 설계 조직 내에서도 팀 중심으로 설계를 했기에 개인 건축가의 작업에 비해 건축적 평가의 대상에서도 벗어나 있었다. 도시의 대형 오피스 빌딩, 쇼핑센터, 아파트, 병원 그리고 교회 등이 우리 도시 환경을 이루고 있지만, 디자인 방법과 과정에 대한 진지한 논의는 별로 이루어지지 않았다.

이번에 펴내는 『김정철과 정림건축 1967-1987』은 건축가 김정철의 초기 작업에 대한 최소한의 아카이브 작업이다. 정림건축 50년의 역사 가운데 초기 20년에 국한한 이유는, 건축가 김정철의 흔적과 고민을 가장 뚜렷하게 확인할 수 있는 시기이기 때문이다. 또 같이 활동했던 이들의 기억이 옅어지고 자료들이 사라지기 전에 오래된 과거의 자료부터 먼저 정리할 필요가 있었다. 그가 바라던 한국 건축의 다양성과 건강한 건축문화를 꽃피우기 위해서라도 김정철과 종합설계사무소인 정림건축의 작업을 좀 더 살펴봐야 하는 과제는 여전히 남아 있다. 이번 기회가 한국 건축을 바라보는 시각의 확장, 김정철 선생에 대한 건축사적 재평가 작업의 단초가 되길 바란다.

김정철과 정림건축
1967–1987

박정현
건축비평가

이 글은 김정철의 일대기도 정림건축의 첫 20년에 관한 밀도 있는 비평도 아니다. 일제강점기 시절에 태어나 한국전쟁을 겪고 60년대에 창업해 국내에서 가장 큰 설계사무소를 일군 한 인물의 전기를 쓰기 위해서는 개인사에 대한 내밀하고 세세한 정보가 무엇보다 필수적이다. 그러나 20세기 한국의 역사는 각종 문서와 자료를 충실히 챙기고 보존할 여유를 대부분의 사람들에게 주지 않았다. 김정철 역시 마찬가지다. 그가 헤쳐온 시대를 증언해줄 수 있는 자료는 거의 남아 있지 않다. 생전에 남긴 미공개 회고록과 몇 장의 사진이 전부다. 창업자의 정보가 이렇게 소실되어 가는 동안 정림건축 초기의 많은 자료 역시 망각의 늪에 빠졌다. 다행히 주요 작업에 관한 슬라이드 필름과 마이크로필름이 남아 있었지만, 대형 설계사무소가 어떻게 운영되고 몸집을 키워냈는지 확인하기에는 부족했다. 제출과 함께 사라진 현상설계안뿐만 아니라 각종 상세도면, 직원 명부와 조직도 같은 회사가 생산한 문서를 충분히 살펴볼 수는 없었다. 이 부재는 한국 현대 건축사 서술의 조건과 같다. 대단히 파편적이고 불연속적인 단서와 정보들의 불완전한 조합이다. 이 글도 마찬가지다. 김정철 개인사의 주요 지점을 한국 현대사의 문맥 속에서, 초기 정림건축의 주요 분기점을 한국 현대 건축사의 흐름 속에서 읽어보고자 했다. 이 짧은 에세이는 직소퍼즐을 맞출 때 제일 처음 놓는 몇 개의 조각일 뿐이다.

1

김정철은 1932년 8월 13일 평안남도 평양에서 태어났다.[1] 고조부는 서당 훈장이었고 할아버지는 작지 않은 땅을 소유했고 과수원을 경작하고 있었으니 집안 형편은 넉넉한 편이었다. 아버지와 숙부가 모두 평양의전에서 수학했음에서도 이를 짐작할 수 있다. 평양의전은 김일성 종합대학 부속 평양의과대학의 전신으로 당시 최고 고등교육기관이었다. 한학자의 아들이었던 할아버지 본인은 농업이라는 전통적 가치를 고수했지만, 자식들에게는 새로운 문물을 접하고 최신 교육을 받을 기회를 제공했던 것이다. 또 본인은 교회에 나가지 않으면서 할머니와 며느리에게는 교회에 나가라고 적극적으로 권할 만큼 개방적이었다. 실용적인 서구 학문을 신식 교육기관에서 배운 아버지와 교회를 다니는 어머니를 둔 일제강점기 서북 지역 중산층 가정에서 김정철은 자랐다.

서북 지역은 중앙 사족에 의해 통치된 조선에서 차별받는 곳이었다. 국경과 가까운 이 지역은 한반도 내에서 인구의 유동(이민족의 유입이나 타지로의 이주)이 가장 많은 곳이었고 이는 자연스레 사족의 형성을 더디게 했다. 또 척박한 환경으로 농업보다 상공업이 일찍 발달한 곳이기도 했다. 이는 일제강점기에까지 그대로 이어졌다. 평안도 지역의 공업 생산량은 경기 및 서울 지역과 비교해 두 배 이상 많았다.[2] 과거에 급제해도 중앙 관직으로 진출할 수 있는 기회가 적었기에 고향에서 서당을 여는 경우가 많았다. 때문에 서북 지역은 다른 곳보다 문맹률도 낮았다. 요컨대 “서북 지역은 다른 지역에 비해 새로운 문물과 사상을 받아들이는 데 최적의 장소”였다.[3] 평양의전을 휴학하고 미국에서 자동차 두 대를 들여와 운전학교 사업을 시작한 아버지의 시도 역시 시대와 지역을 배경에 두고 이해할 수 있다. 경성에서 운행 중이던 자동차가

500여 대에 불과하던 시절이었다.[4] 그러나 신식 문물에 대한 예민한 감각이 사업의 성공을 보장하지는 않았다. 이 사업은 시작도 하기 전에 예상 밖의 사고들로 실패로 돌아간다. 견습생이 주유를 하면서 성냥불을 켜는 바람에 차가 전소하는 일이 벌어졌고, 남은 한 대마저 운전에 서툰 숙부가 몰고 나갔다가 모란봉 계곡에서 사고를 내고 만다. 이에 아버지 김지훈은 사업을 접고 만주로 건너간다. 1938년, 김정철의 나이 6세 때였다.

1930년대에 만주로 건너가는 일은 그리 드물지 않았다. 구한말부터 만주의 간도 일대는 자치권을 행사할 만큼 조선족 정착 마을이 자리 잡고 있었고, 1932년 만주국 수립은 조선인을 유인하는 계기가 되었다.[5] 조선을 떠나 새로운 가능성을 모색해보고자 하는 이에게 만주는 몇 안 되는 선택지 중 하나였다. 농업 개척 등으로 많은 조선인은 만주, 그중에서도 간도 지역에 집중적으로 이주했다. 여전히 조선족 자치구로 남아 있는 옌볜 일대는 당시에도 거주민의 73퍼센트가 조선인이었다.[6] 그러나 김지훈이 가족을 데리고 향한 곳은 간도가 아니라 랴오둥 반도 끝에 위치한 다롄(大連)이었다. 김지훈은 다롄에서 새롭게 운수사업에 도전하고자 했다. 남만주철도주식회사의 본사가 있기도 했던 다롄은 만주국의 핵심 거점 가운데 하나였지만, 다롄이 속한 안둥성(安東省)[7] 일대 한국인의 비율은 1.69퍼센트에 불과했다. 6살 김정철이 처한 환경은 조선말이 거리에서 들리는 조선족 마을이 아니라 일본인, 러시아인, 몽골인, 중국인, 조선인이 뒤섞인 대도시였다. 모든 민족의 화합과 협동 즉, 오족협화(五族協和)라는 프로파간다를 만주국이 내세운 이유를 체감할 수 있는 곳이었다.

만주국 내 조선인의 신분은 대단히 역설적이었다. 독립국가 만주국의 국민이면서도 내선일체라는 조선총독부의 정책을 따라야 했다. 단적으로, 조선인은 일본인과 함께 만주국의 병역의무에서도 제외되었다. 조선인은 일본 병역법에 따라 일본 제국군으로 징집되게 되어 있었다. 조선인은 일본과 만주국 사이에 끼어 있었다. 현실에서는 2등 국민으로 차별을 받았지만, 제도적으로는 만주에서 조선인은 일본인과 같은 지위를 누렸다. 이런 배경에서 김정철은 일본인들이 주로 사는 아파트에 거주하며 다롄 일본인 학교인 향양(向陽)소학교에 취학한다.[8]

1 김정철의 개인사는 김정철의 미출간 회고록 원고 『나무와 나무가 만나 숲을 이루듯』을 바탕으로 한 것이다.

2 『조선경제연감』, 1948.

3 윤정란, 『한국전쟁과 기독교』(파주: 한울아카데미, 2016), 35쪽.

4 박상하, 『한국기업성장 100년사』(서울: 경영자료사, 2013).

5 1927-30년 조선인의 만주 이민은 연간 만 6천 명 수준이었으나, 1933년부터 1936년까지 연 8만여 명으로 급증한다. 이동진, “만주국의 조선인: 디아스포라와 식민 사이”, 『만주연구』 13집(2012), 39쪽.

6 앞의 글, 40쪽.

7 만주국의 행정구역으로 제2차 세계대전 종전과 함께 폐지되어 랴오닝성과 지린성으로 분할 편입된다.

8 전봉희, 우동선, 『김정식 구술집』(서울: 마티, 2013), 15쪽.

김정철은 이곳에서 인생의 첫 번째 선생을 만난다. 3학년 담임이었던 하라 선생은 유일한 조선인 학생으로 늘 기가 죽어 있던 김정철에게 '일본인보다 더 잘할 수 있다'고 격려한다. 김정철은 이 한마디가 학교생활의 전환점이 되었다고 회고한다. 식민지 소년의 첫 성취와 인정은 어려운 일에 직면할 때마다 자신을 일으키는 인생의 신념이자 좌우명으로 자리를 잡는다.[9] 만주에서 일본인 소학교 추억만큼이나 10대 김정철의 인상에 강하게 남은 것은 다롄이라는 도시 자체였다. 성인이 되기 전 김정철에게 가장 안정적인 시기였던 이 7년 동안의 다롄 시절은 그의 이후 행보에 흐릿하지만 오랫동안 영향을 미친다.

다롄은 일본의 만주 진출의 역사가 고스란히 새겨져 있는 곳이었다. 청일전쟁에서 승리했지만 러시아에 조차권을 빼앗긴 일본은 러일전쟁에서 승리함으로써 다롄을 만주의 거점으로 삼을 수 있게 된다. 짧은 기간에 이루어진 정치적 변화는 도시 공간에 흔적을 남겼다. 러시아의 방사선식 도시계획에 일본의 양식 건물이 일제히 들어선 종산 광장은 특히 이국적이었다.[10] 김정철은 만년에 다롄을 "계획적으로 조성된 현대적 도시"로 회상하며, 다롄의 "화려함과 정교함을 뽐내는 유럽식 건물들"을 보면서 저런 건물을 지어보는 것을 꿈꾸었다고 말한다. 의사나 목사가 되길 바란 부모님의 희망을 버리고 건축가의 길을 선택한 데에는 다롄에서 받은 인상이 가장 크게 영향을 미쳤다는 것이다. 물론 이는 유년기의 경험에서 현재 성취의 씨앗을 찾아보려는 성공한 건축가의 선택적 회상일 수도 있을 것이다. 그러나 뒤에서 자세히 다루겠지만 부모님과 네 동생의 실질적 가장 역할을 해야 했던 김정철이 높은 임금이 보장되지 않는 건축과로 진학한 것에는 유년기의 경험도 분명 큰 역할을 했을 것이다.

종산 광장의 도로와 양식 건물이 건축의 아름다움에 눈뜨게 했다면, 다롄 역사(驛舍)는 건축의 효율과 기능에 감탄하는 계기였다. 20세기 한국에서 누구보다도 사무소와 설계 모두 조직적이고 기능적이길 바란 김정철에게 더 큰 영향을 미친 것은(그것이 설령 사후적 재구성이라 하더라도) 당연히 후자였다. 도착 층은 지상에, 출발 층은 2층에 배치된 다롄 역사의 기능성에 김정철은 매혹된다. 시베리아를 거쳐 유럽으로 나아갈 수 있었던 만주 철도의 시작점[11]이었던 다롄 역사는 수많은 기차가 들고나고 쉴 새 없이 사람들을 빨아들이고 뱉어내는 거대한 기계였다. 직육면체 매스에 별다른 장식 없이 평활한 표면, 기능이 외관에 그대로 드러나는 근대 건축의 전형이었다.[12]

9 김정철은 2003년 요코하마에서 열린 향양소학교 동창회에서 60년 만에 하라 선생님과 재회한다.

10 1898년 러시아의 니콜라이 광장 건설이 종산 광장의 시작이다. 이후 일본은 이곳에 당시 일본에서 유행하던 절충주의 양식으로 주요 관공서와 호텔 등을 세워 광장을 완성한다. 대표적인 건물로는 다롄경찰서(마에다 마쓰오토 前田松韻, 1908), 남만주철도주식회사가 직접 경영하던 야마토호텔(1914), 조선은행 다롄지점(나카무라 요시헤이 中村與資平, 1920), 동양척식회사의 다롄지점(무네타카 슈이치, 1936) 등 일본 식민지 경영의 요체가 모두 집결해 있었다.

11 유럽, 러시아의 입장에서 다롄은 종착점이다. 다롄의 명칭이 러시아어 다르니(Dalnyi: 멀리 떨어진 곳)에서 기원한다. 고바야시 히데오, 『만철』(서울: 산처럼, 2004), 30쪽.

12 다롄 역사는 오타 무네로(太田宗郎)의 설계로 1937년 완공되었다. 훗날 김정철이 재직하기도 한 종합건축의 이천승이 다롄 역사 건축에 참여한 바 있다. 이에 대해서는 김소연, 『경성의 건축가들』, (김포: 루아크, 2017), 129-144쪽.

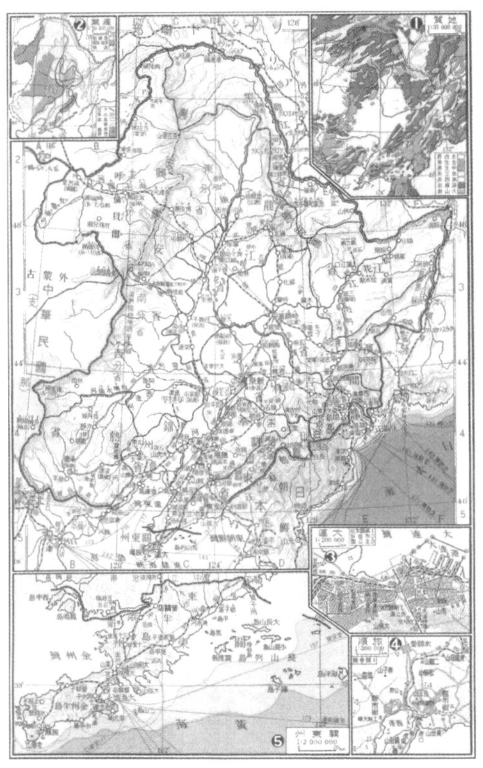

만주국과 관동주 지도, 1930년대

다렌의 해수욕장에서, 왼쪽부터 김순우(모), 한 사람 건너 김정식, 김지훈(부), 김정철, 1938

다렌 종산 광장(위)과 다렌 역사(아래), 1930년대

향양소학교를 졸업하고 다롄 3중학교에 입학한 해, 김정철이 13살이던 1945년 여름, 일본의 항복은 조선인들에게 광복의 환희를 가져다주었다. 하지만 다롄에 있던 조선인들은 사정이 복잡했다. 한국은 해방이었지만, 만주국은 엄연한 패전국이었기 때문이다. 김정철의 가족은 일본군의 철수 후 다롄을 장악한 소련군을 피해 평양으로 급히 되돌아가야 했다. 이후 10년 동안 김정철과 그의 가족은 20세기 중반 한국이 겪은 소용돌이에 휩싸인다. 해방과 분단, 한국전쟁으로 이어지는 격변에서 자유로운 사람이 얼마나 있었겠느냐마는 김정철은 이 시기를 문자 그대로 '온몸으로' 체험한다. 김지훈은 가족과 함께 신의주를 거쳐 고향 평양으로 돌아온다. 하지만 다롄 이주로 평양의 근거지는 사라져버린 상태였다. 1946년 2월 북조선 임시인민위원회가 수립되고 공산당이 북한을 장악하자, 김정철의 가족은 북한을 떠나기로 결심한다. 김지훈은 1947년 먼저 혼자서 월남해 서울로 향한다. 연락이 끊어진 상태에서 아버지가 서울에서 사업에 성공했다는 소문을 들은 가족은 차례로 월남을 감행하기로 결심한다. 훗날 와전된 소식임이 밝혀지지만, 이는 모든 가족이 북한을 떠나는 데 결정적인 동기가 되었다. 1948년 당시 13세였던 김정식(2남)은 동생 김정완(3남)을 데리고 38선을 넘는다. 이어 마지막으로 어머니와 김정철, 김정헌(5남), 김정용(4남)이 서울로 향한다. 38선의 통행이 점차 힘들어지던 와중에 세 차례에 걸친 월남은 모두 성공한다.[13]

가족보다 먼저 월남한 아버지 김지훈은 중국 대사의 운전기사로 취직해 있었다. 덕분에 중국대사관에 있는 방 하나를 얻을 수 있었고, 김정철의 일곱 식구는 이 단칸방에서 서울살이를 시작한다. 김정철을 비롯한 형제들은 당장 학교를 다닐 수는 없는 형편이었다. 김정철은 월남한 1948년 중학교 4학년인 나이였으나, 그 해는 학교를 다닐 수 없었다. 미공보원에서 하는 무료 영어강의를 들으며 신문팔이로 돈을 모은 김정철은 1949년 멈추었던 학업을 이어간다.[14]

중학교 4학년, 요즘으로 치면 고등학교 1학년에 편입한 김정철이 다닌 학교는 대광중학교로, 어머니가 선택한 학교로 알려져 있다. 고등학교 동문이 대학 동문보다 더 중요한 시절 학교의 선택은 대단히 중요한 문제였다. 대광중학교는 영락교회의 한경직 목사를 중심으로 북한 출신 기독교 유지들이 북한 피난민 기독교 가정의 자제를 위해 설립한 학교다. 미국 북장로회 선교부의 지원을 받아 1947년 12월 서대문구 충정로 피어슨 성경학교의 공간을 빌려 시작했으며, 개교 당시 학생 수는 1학년에서 5학년까지 291명, 교직원은 12명이었고, 이사장은 한경직, 초대 교장은 백영엽이었다. 김정철이 입학한 1949년 신설동 현재의 위치로 교사를 이전한 신생학교였다.[15] 개인의 학업성취와 무관하게 경기고나 서울고 등의 명문 학교는 선택지가 될 수 없었다. 유년기는 자신의 판단이나 결단과 무관하게 환경에 따라 결정될 수밖에 없다. 김정철의 유년기를 좌우한 환경을 한 구절로 말하자면 서북 출신 기독교 집안이었다. 대학을 들어가기 전까지 김정철은 이 그물망 안에서 성장했다. 김정철의 집안은 서북 기독교 공동체 속에서 온전한 타향이었던 서울에서 자리를 잡아나갔다. 독실한 신자였던 어머니를 비롯해 가족들은 역시 서북 출신 피난민들이 중심이 되어 세운 후암장로교회를 다녔다. 훗날 후암장로교회는 김정철이 자신의 이름으로 처음 설계를 할 수 있는 기회를 제공하기도 했다.[16] 요컨대 기독교는 김정철 삶의 한 축이 되어간다.

그의 학교생활은 1950년 한국전쟁으로 다시 한 번 중단된다. 이북 출신이었기에 북한이 점령한 서울에 남아 있기는 힘들었다. 아버지와 매형을 비롯해 김정철, 김정식 등 10명의 남자는 부산으로 피난한다. 임시 수도 부산으로 옮긴 중국대사관은 이번에도 그에게는 일자리를, 그의 가족에게는 거처를 마련해주었다. 같은 해 8월 김정철은 부산 광복동 사진관에서 동생과 함께 찍은 사진 한 장을 남기고 학도의용군에 입대한다. 학도의용군은 여러 전선에 배치되기는 했지만, 후방에 남은 패잔병 소탕이 주 임무였다. 그러나 미7사단 32연대에 배치된 김정철은 1950년 9월 15일 인천상륙작전에 투입된다. 최일선 상륙부대는 아니었지만, 불과 석 달 전 학생이었던 김정철은 변변한 군사교육도 받지 못한 채 전장 한가운데 떨어진 것이다.

학도병 입대 직전, 동생 김정식과 함께, 1950

13 월남 과정은 결코 순탄하지 않았다. 숙부 가족과 이산가족이 되었고 할아버지도 북에 남게 된다. 김정철 가족의 월남 과정에 대해서는 전봉희, 우동선, 앞의 책, 24-26쪽.

14 당시 학제는 1946년 미 군정기에 개편된 6년제 중학교였다. 1951년 3년제 중학교와 3년제 고등학교로 재편된다.

15 대광고등학교 홈페이지 및 한국민족문화대백과사전 '대광고등학교' 편 참조.

16 김정철은 1989년 10월 26일 후암장로교회 장로로 장립된다.

군 복무 기간의 동선을 정확히 추적하기는 힘들지만, 그는 안양에서 대기하다 용인에서 다시 실전훈련 및 산악훈련을 받은 뒤 개마고원 자락 장진호로 향한다. 인류 전쟁 역사상 가장 추운 겨울에 벌어진 전투로 기록되는 장진호 전투에 참여한 것이다.[17] 18세 소년에게 전쟁이라는 극한 경험은 상대를 살상하는 교전이 가져다주는 충격보다는 자신의 의지와는 무관하게 펼쳐지는 삶과 죽음이 선사하는 공포였다. 미해병 1사단과 미육군 7사단은 중공군의 대공격으로 11월 29일 후퇴 길에 오른다. 총상을 입은 학도의용군에게 붕대를 감아주던 김정철은 포탄으로 머리와 어깨에 부상을 입고 닷지 M37 '쓰리쿼터' 트럭 조수석 발판에 매달려 후퇴하지만, 다시 세 군데 총상을 입는다. 다리에 총상을 입어 걸을 수 없었던 그는 미군 등에 업혀 인근 민가로 탈출한다. 미군이 떠난 뒤 자신이 속한 부대를 찾지 못한 채 남쪽으로 힘든 발길을 옮기던 그는 미해병 1사단과 극적으로 만나 청진으로, 이어 일본 후쿠오카 미육군병원으로 후송된다. 머리와 다리에 입은 부상은 운 좋게도 신경과 힘줄을 피해갔지만, 어깨 부상은 후유증을 남긴다. 이후 그는 왼팔을 들어 올리는 데 불편함을 겪어야 했다. 회복 후 1951년 1월 3일 부산항으로 귀국해 1월 5일 가족과 다시 조우한다. 월남에 이어 한국전 참전, 인천상륙작전과 장진호 전투 참여, 후퇴와 총상, 귀국으로 이어지는 이 일련의 경험은 김정철과 가족들에게는 종교적 기적이나 다름없었다.[18]

아버지 김지훈은 평등주의와 자유주의적 성향이 강했고 아내와 자식들의 의견에 귀 기울일 줄 알았으며 화목한 가정을 이끌어 가족들의 존경을 받았다. 그러나 경제적으로는 무능했다. 월남 이후 중국 대사의 기사 말고는 별다른 직업을 가져본 적이 없었다. 어머니도 이 점에서는 크게 다르지 않았다. 나이가 든 김정철은 일찍 가장이 되어야 했다. 1951년 3월, 제대와 함께 그는 미군 부대 하우스 보이로 취직한다. 세탁 후에 풀칠하고 다림질을 하는 일감을 받아왔다. 가계에 보탬에 되었지만 학교로 돌아가는 일은 늦어졌다. 부산 서구 천마산 인근에 자리한 대광고등학교 천막 분교에 들어간 때는 대입이 얼마 남지 않은 가을이었다. 학도의용군 복무와 부상으로 1년 이상 학업에 공백이 있었지만 제 나이에 맞게 3학년으로 복학한다. 평양에서 의대를 다닌 아버지는 의대를, 교회에 몰두해 있던 어머니는 신학대를 희망했지만, 김정철은 건축과를 염두에 두고 있었다. 그해 겨울 그는 서울대학교 공과대학 건축공학과에 합격한다.

17 David Halberstam, *The Coldest Winter: America and the Korean War* (New York: Hachette, 2008) 참조.

18 전쟁 경험의 종교적 성격에 관해서는, 유발 하라리, 『극한의 경험』(고양: 옥당, 2017) 참조.

이정호와의 결혼식, 1959

3

김정철이 건축공학과에 입학한 1952년에 건축 관련 과가 개설된 종합대학은 서울대학교가 유일했다. 지금의 한양대학교에 해당하는 한양공과대학에서 4년제 건축공학과가 학생을 모집한 것은 1948년이었지만, 종합대학교로 승격되는 것은 1959년에 이르러서다. 홍익대의 건축미술과도 1954년에야 개설된다. 말하자면 김정철은 해방 후 대학에서 건축 교육을 받은 1세대에 해당한다. 국내 최고의 교육기관이었지만 1950년대 서울대의 사정은 열악했다. 부산에서 임시 교사를 운영하던 서울대는 1953년부터 단과대별로 서울로 돌아간다. 건축공학과도 1953년 가을 성동역 근처 서울대 사대부속고등학교에 머물다 1954년 공릉동으로 복귀한다.[19] 김정철은 가회동에서 입주 과외교사를 하면서 생활을 해결했다. 확인 가능한 유일한 학부 시절 작업은 1955년 4학년 여름 방학 기간 동안 신국범 등과 함께 제출한 '서울시 의사당 현상설계'다. 여름 바캉스 대신 선택한 이 현상설계 경기에서 김정철 팀은 응모작 28점 가운데 이광노에 이어 2위를 수상한다. 서울 시청사 앞 빈 땅에 서울시 의사당과 사무실을 건립하는 계획이었다. 김정철보다 4살 위로 1956년 무애건축연구소를 개소해 각종 설계에 참여한 이광노의 안은 『동아일보』의 표현을 빌면, "양식과 한국식을 절충한 것이 특색으로 얼핏 보기에는 '쩨니스 라디오'형"이었다. 김정철 팀의 안은 국제주의 양식을 그대로 따라한 것으로, 학생으로서 당시 유행하던 최신 양식을 그대로 따른 것이었다면 이광노의 안은 실현 가능성을 염두에 둔 것이다.

19 김정철이 재학한 1952-55년 서울대 건축공학과의 교수 및 강사진은 이균상, 김형걸, 김중업, 김종식, 선병택, 이용재, 김윤기 등이다. 교수진과 당시 정황에 관해서는, 우동선, 『이광노』(2003년도 한국 근현대예술사 구술채록연구 시리즈), (서울: 한국문화예술진흥원, 2004), 73쪽 이하 참조.

서울대 건축공학과 축구팀, 뒷줄 오른쪽에서 두 번째가 김정철, 1955

서울시 의사당 계획안, 신국범, 이신옥, 이상순과 공동작, 1955

이광노, 서울시 의사당 계획안, 1955(『동아일보』, 1955년 9월 10일)

SOM, 레버하우스, 1952

학생 시절의 습작으로만 간주하기에 이 프로젝트에는 흥미로운 점이 많다. 50년대 중반 세계적으로 화제가 된 작업에서 모티프를 따왔을 뿐 아니라, 20여 년 뒤 정림건축이 추구하는 건축의 씨앗을 곳곳에서 발견할 수 있기 때문이다. 오피스 타워에 저층 포디엄을 조합한 구성, 포디엄 부를 도시 가로와 연결한 점, 상징적 형태나 모티프보다 기능을 논리적으로 해결하는 데 우선했다는 점 등은 이후 정림건축 오피스의 전형적인 특징으로 발전한다. 한편, 이 계획안은 SOM의 레버하우스(Lever House)에서 타워와 포디엄의 조합을, 르코르비지에의 유니테 다비타시옹(Unité d'habitation)에서 필로티와 브리즈 솔레이(brise-soleil)라는 요소를 빌려왔다. 레퍼런스가 되는 이 두 건물은 모두 1952년에 완공된 것이다. 당시 최신 작업은 국내에 『아키텍추럴 레코드』, 『프로그레시브 아키텍처』나 일본 건축 잡지를 통해 소개되었다. 잡지는 해외의 주요 흐름을 접할 수 있는 몇 안 되는 창구였다. 그러나 김정철과 동료들은 오직 트레이싱지 위에서만 레버하우스를 서울시 의사당으로 옮길 수 있었다. 레버하우스를 가능케 한 물리적 조건, 이를테면 철골과 금속 멀리언, 복층유리를 비롯한 건설 부재는 국내에 전무했다. 이는 비단 1955년만의 문제가 아니었다. 오피스라는 현대 세계의 보편적 건축과 국내 생산체제의 미비 사이의 간극은 이후 30여 년간 김정철과 정림건축이 처한 조건이자 쉽게 극복하기 힘든 장벽이었다. 콘크리트의 가소성을 이용한 기념비적 건축이 아닌 산업화에 보조를 맞추는 건축을 추구한 이들은 더 크게 느낄 수밖에 없는 간극이었다.

1956년 서울대학교를 졸업한 김정철은 종합건축연구소를 첫 직장으로 삼는다. 이천승과 김정수가 이끈 종합건축연구소는 당시 국내에서 규모가 가장 큰 설계사무소였다. 이천승은 소년 김정철이 다롄에서 큰 인상을 받은 다롄 역사 건설에 참여한 만주철도 출신이었고, 김정수는 평양 출신으로 김정철과 동향이었다. 1953년 종로 2가 82번지 영보빌딩에서 시작한 종합건축은 회사 이름대로 건축 설계를 한 개인의 예술적 창작이라기보다는 각 분야의 협업으로 이루어지는 것으로 파악한 설계 집단이었다. 1953년 적산기업이었던 고려방직공장 설계를 수주한 것을 계기로 설립된 종합건축은 김정철이 입사한 1956년 무렵 우남회관 신축 공사 설계를 진행하는 등 사세를 크게 확장해 나가던 중이었다. 이 무렵 종합건축의 주요 프로젝트는 고려방직공장, 국회의원 합숙소, 청량리 임업시험소, 광릉 임업시험소, 한국문교서적주식회사 사옥, 남대문교회, 이화여자대학교 강당, 인천 판초자공장 대지 측량, 중앙청 신축 대지 측량, 한국흥업은행 대전지점 신축 공사 설계 감독, 우남회관 신축 공사, 문경 시멘트 대지 측량, 신신백화점 신축 공사, 공군본부 현상설계, 동대문시장 신축 공사 등이었다.[20] 국가의 전후 부흥계획에 맞추어 측량, 공장 설계 등 포괄적인 엔지니어링 업무를 함께 수행하고 있었다. 설립 취지에 "국가부흥사업에 있어서 건축의 중요성은 경언(警言)을 불요하거니와 … 건축 토목 기술자 내지 부대설비 기술자를 총망라하여 당면 과제인 설계 감독과 구조설계 시공의 연구와 후진 양성을 목적으로 함"을 분명히 하고 있었다.[21]

김정철은 약 3년가량 종합건축에서 일한 뒤 1959년 산업은행 주택사업기관 ICA로 자리를 옮긴다. 이 시기 국내 건축계의 가장 큰 사건은 같은 해 열린 남산 국회의사당 현상설계에서 김수근이 당선된 일이다. 도쿄대에서 수학하고 귀국한 김수근의 이후의 활동은 한국에 다른 종류의 건축가가 등장했음을 알리는 것이었다. 1931년생인 김수근은 나이로는 김정철보다 한 살 위, 서울대학교 건축공학과 학번으로는 2년 선배였다. 함경북도 청진 출신인 점도 김정철의 삶과 교차하는 부분이다. 그러나 건축가로서의 행보는 거의 접점이 없다. 김수근은 귀국과 함께 이전과는 다른 종류의 건축가, 예술가로서의 자의식과 댄디즘으로 자신을 표상했다. 물론 이런 관점은 후대에 더 증폭된 것이지만 김수근은 귀국 직후부터 중요한 국가 프로젝트를 수주하며 기린아로 급부상한다.[22] 반면 김정철은 한국 최고의 테크노크라트 집단인 은행에서 일하는 경로를 취한다. 20여 년 뒤 서로 다른 두 설계사무소 유형으로 분기하는 최초의 지점이다.

1955년 미 국무부 산하 해외 원조기관으로 설립된 ICA(International Cooperation Administration)는 한국에 주택건설 자금을 원조했고, 1954년 조선식산은행을 모태로 출범한 한국산업은행이 그 운용을 맡았다. 이 사업을 위해 설립된 것이 산업은행 주택기술실이었다. 엄덕문, 김중업 등이 책임자로 있었을 만큼 50년대 중후반 주택기술실은 가장 앞선 설계 집단 가운데 한 곳이었다. 김정철은 1958년 보건사회부가 ICA 자금으로 실시한 '제1회 전국주택현상설계 현상공모' 제4부 동리 부문에서 안영배와 공동으로 출품해 1등을 수상하기도 한다.[23] 주택기술실에서 6개월 남짓 일한 뒤 김정철은 한국은행 영선과(營繕課)로 이직한다.

우남회관 상량식, 1958(서울사진아카이브)

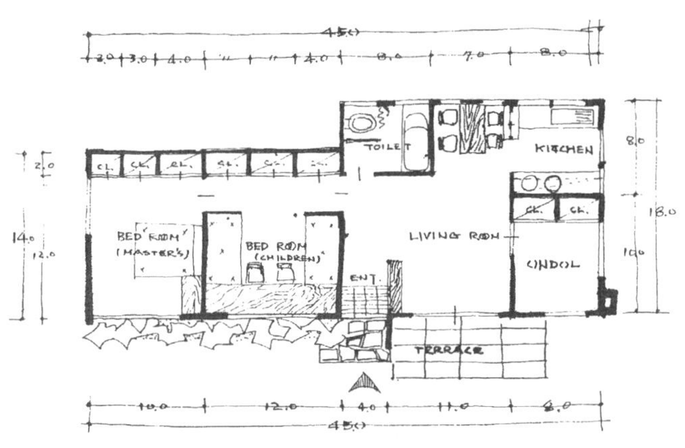

20.05 PYONG

ICA 기술실 재직시 설계한 주택 계획

20 장원석, 『건축가 김정수 작품에 있어서의 기술과 표현』, 연세대학교 건축공학과 박사학위논문, 2006, 32쪽.

21 같은 글, 27쪽.

22 박정희 정권의 초기 대형 건축 프로젝트인 워커힐호텔(1961년 시작)에는 나상진(1923년생), 엄덕문(1919년생), 이희태(1925년생), 김희춘(1915년생), 강명구(1917년생), 김수근(1931년생) 등이 참여하는데, 김수근은 많게는 한 세대 이상, 적게는 6살 어린 젊은 건축가였다.

23 김정철과 동년배인 안영배 역시 종합건축에서 3년 일한 후 ICA 주택기술실로 이직했다. 이에 대해서는 배형민, 우동선, 최원준, 『안영배 구술집』(서울: 도서출판 마티, 2013), 18쪽 이하 참조.

이직의 계기는 무엇보다 경제적 사정이었다. 설계사무소의 월급으로는 부모님을 모시며 네 동생의 학비를 충당할 수 없었다. 한국은행은 건축을 하면서 선택할 수 있는 최고의 자리였다. 종합건축에서 받던 월급이 6배로 뛰었고 각종 상여금과 유무형의 혜택이 뒤따랐다. 1950-60년대 은행과 비료공장은 누구나 선망하는 직장이었다. 정확히 같은 해 동생 김정식은 한국에서 가장 중요한 공장이었던 충주비료에 취직한다. 산업과 금융계에서 인맥을 형성하고 관련 설계 역량을 축적할 수 있는 기회였고, 이는 고스란히 정림건축의 자산으로 자리 잡는다. 소유한 건물의 유지보수에 주력하는 요즘의 영선과와 달리 당시 영선과는 여러 지점 설계를 수행하던 은행 내 설계사무소였다. 경제적 안정과 함께 김정철은 1959년 11월 14일 이정호와 결혼한다. 이듬해에는 장남 김형국이 태어난다.

4

1950년대는 전후 복구와 함께 전쟁 전 유럽 중심의 모더니즘이 전 세계적으로 확산되던 시기였다. 한국도 예외는 아니었다. 당시는 한국 근현대사에서 가장 서구 지향적인 시기였다. 좌·우파 가릴 것 없이 서구적 '민주주의'는 절대적 가치였고, 한국적인 것은 벗어나야 할 구습이었다. 단적으로 말해 전통은 반민주적이었기에 합리성이 지배하는 사회가 되기 위해서 버려야 하는 것이었다. "전통의 악습에서 벗어나 민주주의를 건설할 수 있는 가능한 길"은 서구적인 것의 수용이었다.[24] '민족'은 온전히 부정할 수는 없는 것이었지만, 그것으로 뭔가를 도모하기에는 턱없이 부족한 것이었다. 최인훈의 말을 빌리면, "이광수의 임은 민족이었다. 그런데 지금은 그 민족 같은 것을 등에 업고 나설라치면 단박 바지저고리 소리를 들을 테니 이러지도 저러지도 못하는 엉거주춤한 세대, 무슨 일을 해보려 해도 다 절벽인 사회, 한두 사람 힘으로는 어쩔 수 없는 시대"였다. 이후 민족과 한국적인 것이 거의 모든 분야에 의미를 부여하는 최종 심급으로 부상했던 것과 달리 당시 민족은 그 자체로는 별 소용이 없었다. 우남회관과 같은 주요 국가 프로젝트가 한국적인 것이나 전통의 무게를 거의 개의치 않고 서구의 모더니즘을 추구할 수 있었던 이유다. 아무런 기술적 토대도 없이 손으로 빚어 만들더라도 국제주의 모더니즘은 의심의 대상이 아니었다. 끊임없이 논란이 되는 전통 계승과 한국적인 것의 구현 문제는 1960년대 중반 이후의 일이다. 김정철은 모더니즘의 영향이 가장 강한 시기를 종합건축과 한국은행에서 보내며 건축가로 성장하게 된다. 그의 건축이 논리적이고 체계적으로 나아가는 것은 어쩌면 당연한 일이다.

물론 모더니즘은 하나의 모습을 지닌 것이 아니다. 특히 전후 모더니즘은 브루탈리즘과 지역주의의 대두와 더불어 다양한 양상으로 전개되고 있었다. 르코르뷔지에의 후기 작업 역시 새로운 기념비적 형태를 추구하는 쪽으로 펼쳐졌다. 한국이 이 다채로운 흐름을 역사문화적 배경 속에서 이해할 여유는 없었다. 맥락과 문맥에서 이탈한 여러 경향이 특정 경로를 통해 배제되기도 하고 과장되기도 하면서 국내에 소개되었다. 김정철에게는 다른 누구보다 그로피우스가 사표가 되었다. 그는 그로피우스를 "산업혁명을 가르쳐준 최초의 사람이었고, 공업사회의 위대한 가능성을 연구하고 그것을 끊임없이 변화하는 인간의 요구에 동화시키는 방법을 제시했던 위대한 교육자이자 건축가"로 파악했다. 철근 콘크리트라는 재료의 사용, 기능주의와 표현주의를 결합한 건축 어휘가 늘 신선한 자극이 되었다. 르코르뷔지에를 높이 평가하면서도 김정철은 그로피우스의 합리주의적 경향에 더 이끌렸는데, 정림건축의 목표였던 "건축을 통한 사회 선도, 토털 아키텍처의 추구, 팀워크의 강조" 등은 그로피우스에게서 영향 받은 것이었다. 그로피우스는 1945년 한 개인의 역량을 앞세우기보다 디자인 문제에 대한 조직적이고 집합적인 대응을 모색하기 위한 설계사무소 TAC(The Architects Collaborative)를 설립한 바 있다.[25] 기계에 의한 대량생산 시스템이 온전히 도래한 전후 미국에서 바우하우스의 실험을 실천으로 옮기는 것이었다.

그로피우스의 TAC가 정림건축과 정림건축이 모델로 삼는 종합건축에 어떤 직접적인 영향을 주었는지 구체적으로 적시하기는 쉽지 않다. 뒤에서 다시 언급하겠지만, 1970년대 정림건축의 토털 디자인과 조직 체계에 직접적인 영향을 미친 것은 미국 서부를 중심으로 활동한 웰턴 베켓(Welton Becket)이다. 이로부터 20여 년 전인 1950년대 김정철은 거장의 신화가 서서히 저물고 조직과 체계가 더 우선시되는 건축이 관건이 되는 시대를 어렴풋하게나마 감지하고 있었다. 그의 이런 생각은 건축사에 대한 예리한 비평적 관점이나 지식에 기인하기보다는 본격적인 경제개발을 추진 중이던 한국 사회의 가까운 미래에 대한 직감에 연원한 것으로 보아야 할 것이다.

중장기적인 경제 상황을 예측하기에 한국은행보다 더 나은 곳은 없었다. 그러던 차에 충주비료에서 6년가량 일하고 제4비료공장인 진해화학 건설에 참여하기 위해 서울에 와 있던 동생 김정식은 김정철에게 건축사 사무소를 개설하자고 제안한다. 이때가 1966년이다. 금융업과 산업계에서 쌓은 충분한 경험과 인맥이 사무실을 여는 데 필요한 자신감의 바탕이 되었다. 그러나 여기서 김정철과 김정식의 개인적 역량이 발휘될 수 있었던 서로 긴밀히 연결된 두 가지 시대적 맥락을 언급할 필요가 있다.

24 김경일, 『한국의 근대와 근대성』(서울: 백산서당, 2003), 196-197쪽

25 Gilbert Lupfer, Paul Sigel, *Walter Gropius 1883-1969: The Promoter of a New Form* (Köln: Taschen, 2004), p. 14.

한국은행으로 사용된 구 조선저축은행(현 스탠다드차터드 은행), 1950년대

충주비료공장, 1958(국가기록원)

도시계획모형전 개장식에 참석해 김현옥 서울시장의 설명을 듣는 박정희 대통령, 1966

1966년은 1962년 시작한 제1차 경제개발 5개년 계획이 마무리되고 제2차 경제개발 5개년 계획을 준비하던 때다. 제1차 경제개발 5개년 계획에 대한 평가는 다를 수 있지만, 경제성장을 위한 최소한의 물적 토대를 마련했다는 점은 분명한 사실이다. 제1차 경제개발 5개년 계획에 따른 최우선 생산품은 시멘트, 판유리, 비료였다. 개발과 식량 증산을 위한 가장 절실한 원자재였다. 적어도 양적 규모 면에서 시멘트와 판유리의 국산 공급이 100퍼센트 충족된 때가 1966년이다. 이른바 '개발 드라이브'를 걸 수 있는 문턱을 넘어선 것이다. 이런 분위기 속에서 1966년 8월 15일 서울 시청 앞에서 '도시계획모형전'이 열린다. 김현옥 시장이 주도한 이 전시는 서울 도시계획을 최초로 모형으로 만들어 일반 대중에게 선보이는 자리였다. 한 달여 만에 130만여 명이 방문할 만큼 큰 화제를 모은 이 전시는 앞으로 서울 전역이 공사판이 될 것을 공표하는 것이기도 했다. 경제성장과 이에 따른 건축 물량이 급성장하고 있었다.

이에 대한 제도적 대응이 1963년 제정된 건축사법과 이에 따라 1965년부터 시행된 건축사 시험제도다. 이전의 대서사(代書士) 제도는 고등공업학교 관련 학과를 졸업해야 하는 등의 자격 요건이 분명히 있었지만, 대서사는 문자 뜻 그대로 복잡한 건축법에 맞추어 문서의 허가를 얻어주는 역할이 컸다.[26] 이를 설계자 중심의 직능 제도로 바꾸고자 하는 것이었다. 1965년 첫 건축사 시험은 기존 대서사에게 시험을 면제해주는 조항을 두고 4년제 건축학 관련 학과를 졸업한 이들이 보이콧을 벌이기도 했다. 김정철과 김정식은 1967년 건축사 시험에 응시해 합격한다. 1967년 합격자 수는 1급 건축사(졸업 후 5년 이상의 경력) 19명, 2급 건축사 51명으로 총 70명에 불과했다. 시험 면제자를 비롯해 1-2회에 1,589명을 뽑은 여파로 급격히 높아진 문턱을 뛰어넘은 것이다.[27] 건축사 제도가 신설될 때 생긴 갈등은 50여년이 지난 지금까지 이어지고 있지만, 부인할 수 없는 사실은 대단히 배타적인 건축사 자격의 획득이 독립할 수 있는 토대이자 대단한 동기 부여가 되었다는 점이다. 김정철의 학교 후배이자 한국의 대표적인 중대형 설계사무소 가운데 하나인 간삼건축을 설립한 원정수와 지순 역시 1966년 건축사 면허 취득과 함께 독립한다. 이들은 건축사 면허 제도가 기존 명성에 의존해 수주가 이루어지는 관행과 설계사무소의 도제식 관계를 깨뜨리는 결정적 계기였다고 평가한다.[28]

26 대서사 제도에 대해서는 김정동, "1940년대 이전 건축대서사 제도 시행에 관한 연구"『한국건축역사학회 추계학술발표대회 논문집』(대한건축역사학회, 1992)과 이강민 외,『건축사의 호칭과 업무의 제도적 형성에 관한 연구』(건축도시공간연구소, 2015)를 참조.

27 이강민 외, 앞의 책, 147쪽.

28 최원준, 배형민,『원정수 · 지순 구술집』(서울: 도서출판 마티, 2015), 108-113쪽.

1967년 6월 17일 을지로 단층 기와집에서 네 명의 직원과 함께 정림건축은 시작한다. 김정철 36세, 김정식 33세였다. 사무실 개소를 위한 비용은 김정철이 충당했으나 등록은 김정식의 이름으로 이루어졌다. 집안의 손위 두 형제가 동시에 불확실한 미래에 뛰어들기보다는 한 사람이라도 안정적인 수입을 유지해야 한다는 김정철의 현실적인 판단에서였다. 김정철은 한국은행에 더 머물다 1970년 정림건축에 합류한다.

5

김정철이 개인으로 설계한 첫 작업은 정림건축 이전으로 거슬러 올라간다. 1963년 어머니가 다니던 후암장로교회를 설계하게 된 것이다. 해방 직후 이북 지역 피난민들이 모여 기도회를 가진 것이 모태가 되어 발전한 이 교회는 한경직 목사의 영락교회와 함께 서북 기독교인들의 거점이었다. 1960년 조동진 박사가 담임목사로 부임하면서 교세가 확장되었고 교회를 신축하기에 이른다. 후암장로교회가 신축을 결정하던 1963년 초는 한국 교회 건축에 관한 유형이 전혀 축적되어 있지 못한 상태였다. 이런 상황에서 김정철은 기능적이고 합리적인 접근을 택했다. 김정철은 우상을 금하며 예수의 말씀 자체에서 신앙의 핵심을 찾는 것이 개신 교회 교리의 본질이라고 여겼다. 이에 따라 말씀의 전달은 교회 건축의 핵심 기능이 된다.

후암장로교회는 이런 기본적인 도식을 구현하려 했다. 1층에 주일학교, 도서실, 사무실, 목사실 등의 필요한 실들을 두고 2층에 예배실을 배치한 장방형 입방체 매스는 교회가 요구하는 기능을 충실히 수용한다. 반면 첨탑과 같은 교회 건축의 통속적인 상징적 장치는 제거했다. 대신 '말씀'의 효과적인 전달을 위해 음향에 주의를 기울였다. 김정철, 그리고 이후 정림건축이 교회 건축을 설계하는 기본적인 원칙이 여기서 세워진다. 모든 자리에서 설교대를 잘 바라볼 수 있도록 한 평면 배치와 음향공학적 고려를 우선하는 것이다. 후암장로교회에서는 음향 문제를 기술적으로 해결하기 위해 문화공보부 방송 언론 담당 기감 한기선과 협력했다. 기술적 문제를 전문화하고 협업하는 태도를 이 첫 작업에서부터 확인할 수 있다. 목사 조동진, 건축가 김정철, 음향 전문가 한기선은 후암장로교회에서 함께 작업한 지 10년 뒤 함께 교회 건축에 관한 책을 펴낸다. 미국 남침례교(Southern Baptist Convention) 총회의 건축 계획을 총괄한 조셉 스타일스의 책을 조동진 목사가 번역하고 김정철과 한기선이 내용을 더해 편집한 『현대 교회건축 계획』을 출판한 것이다.[29] 이 책은 1부 스타일스-조동진의 "교회성장과 시설확장", 2부 김정철의 "교회기능과 건축공학", 3부 한기선의 "교회건축과 음향공학"으로 이루어져 있다. 목사가 교회의 설립과 교세를 확장해 나가고, 건축가가 교회 건축을 기능적으로 설계 시공하고, 공학자가 설교의 효과적인 전달을 위해 음향을 고려함으로써 교회 건축을 둘러싼 문제를 포괄적으로 다루고자 했다.

29 조셉 스타일스, 한기선, 조동진, 김정철, 『현대 교회건축 계획』(서울: 크리스챤 헤럴드사, 1973).

이북 피난민들의 임시 거처이자 후암장로교회의 모태가 되는 기도회가 열린 후암동 한국은행 기숙사 건물. 1960년대 중반 한국종합기술개발공사의 사무실로 이용된다.

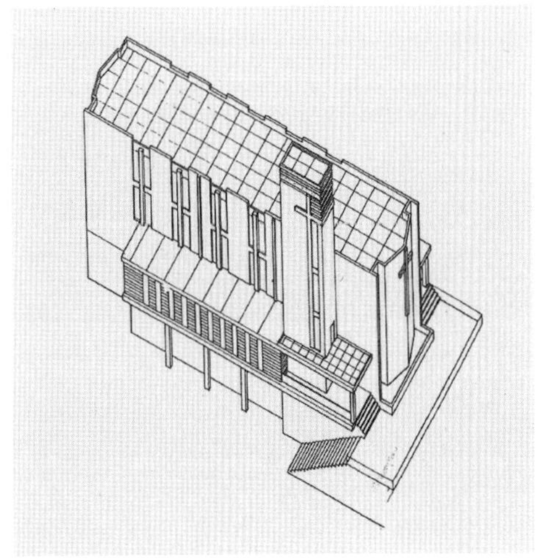

후암장로교회, 엑소노메트릭, 1963

발터 부르스터와 한스 울리히 후겔, 보트밍겐 개혁교회, 1958

후암장로교회 이후 경복교회, 동대문교회, 인천제일교회, 가락동교회 등 여러 교회를 설계한 후 펴낸 이 책에서 김정철이 모델로 삼은 교회가 무엇인지 확인할 수 있다. 네덜란드의 개혁교회(The Reformed Church)와 부활교회(The Church of the Resurrection), 코너스톤교회(The Cornerstone), 스위스의 보트밍겐 개혁교회(Kirche Bottmingen) 등 기능적이고 합리적인 모더니즘 문법을 충실히 따르는 교회가 전범이었다. 이들은 모두 예배 공간은 장식 없는 낮고 넓은 장방형 매스에 종 또는 십자가를 설치하기 위한 높고 좁은 수직 매스를 병치한 것이 특징이다.[30] 김정철의 후암장로교회에서 시도한 이 접근법은 교계에서 큰 호응을 얻었고, 한국 기독교 교회 건축의 한 전범으로 자리 잡는다.

후암장로교회가 김정철이 생각한 기능적이고 합리적인 교회의 원형을 구현해볼 기회였다면, 1979년 설계한 전주서문교회는 조형성을 시도해볼 수 있는 기회였다. 사무소가 대형화되면서 개인의 아이디어와 조직의 체계 사이에서 균형을 잡아야 하던 시기의 작업이다. 한편으로는 교회 건축에 대한 요구도 달라져 있었다. 기능을 충족하는 것 이상으로 조형성과 상징성을 추구하던 시절이다. 김수근의 1978년의 양덕성당, 1981년 경동교회 등이 이런 경향을 대표하는 작업이고, 서문교회 역시 이 맥락 속에서 파악할 수 있다.

호남에서 가장 오래된 교회였던 전주서문교회는 김정철의 교회 작업 가운데 가장 자유로운 형태를 취하고 있다. 여유로운 대지 규모는 건물의 형태와 규모를 제약하지 않았다. 볼륨과 매스를 정해두고 그 안에서 프로그램을 해결하기보다는 건물의 기능과 건축가의 의도에 따라 매스를 다룬 건물이다. 평면은 설교대를 꼭짓점 삼아 기본 장방형 평면이 부채꼴로 확장해 나가는 꼴이지만, 대칭적이거나 반복적이지 않아 외부에서 그 형태를 짐작하기는 힘들다. 주변의 한옥을 고려해 높아 보이지 않게 하는 것, 교회 공동체의 구심점이 될 수 있도록 하는 것이 프로그램의 주안점이었다. 이전 교회 작업과 가장 다른 점은 빛의 조작이다. 세심하게 고려된 음향에 빛의 상징적인 효과를 더한 것이다. 이는 후암장로교회와 서문교회 사이에 있는 노량진교회(1974)와 비교하면 명확해진다. 장방형 평면에서 탈피해 부채꼴로 펼친 평면, 적벽돌의 부분적 사용 등 노량진교회는 서문교회와 유사한 점이 많지만, 빛을 실내로 끌어들이는 수법은 무척 다르다. 설교단 오른쪽 벽에 끼워 넣은 스테인드글라스는 후암장로교회에서처럼 옆에서 들어오는 빛, 즉 실내를 밝히는 용도였고 광원을 볼 수 있는 장치였다. 반면 서문교회의 빛은 대부분 위에서 아래로 떨어지고, 거친 벽돌 벽을 비춘다. 이 빛은 조도를 위한 빛이 아니라 성스러운 분위기를 자아내기 위한 것이었다. 서문교회는 건축가이자 신앙인으로서의 개인을 읽어낼 수 있는 대표적인 작업이다.

30 앞의 책, 167쪽 참조. 김정철은 "개혁교회 제 교파에서는 말씀을 중심으로, 신의 백성이 되도록, 고백의 기도로 구원 받고 찬양의 노래로 경배하는 의식"을 취해 왔다고 지적하며 "시각적, 청각적 기능"이 만족되어야 함을 분명히 밝히고 있다.

전주서문교회, 1979

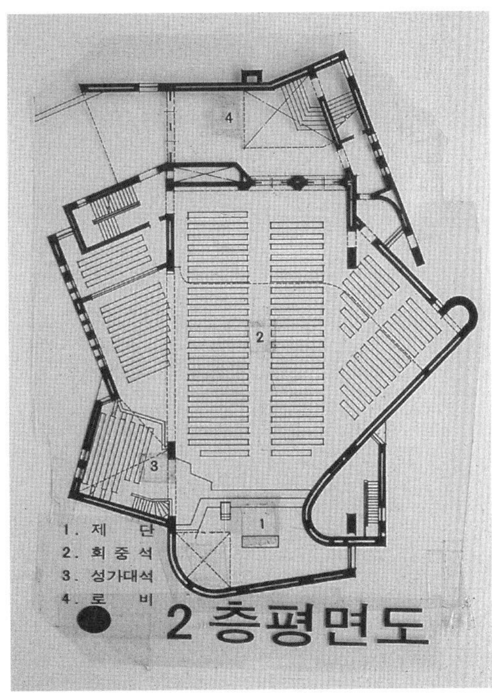

전주서문교회 평면도, 1979

1967년 정림건축연구소라는 이름으로 독립했을 때, 두 형제 모두 정림건축이 오늘날과 같은 대형 설계사무소, 또는 조직 지향적 설계사무소로 성장할 것이라고는 상상하지 못했을 것이다. 김정철이 일했던 종합건축이 분명 지향하는 설계사무소의 한 모델이었겠지만, 당시는 요즈음 통용되는 설계사무소의 분화가 이루어지기 전이었다. 예술로서의 건축과 작가의식을 앞세우는 아틀리에와 건축을 비즈니스로 이해하는 중대형 사무소라는 최근의 이분법은 1980년대 이후의 일이다. 한국에서 작가주의 건축가의 한 전형을 확립한 김수근도 1960년대 말에는 국가 주도 경제 개발계획을 주도한 국가 기업을 이끌었다.[31] 국가 주도 경제개발 계획이 낳는 여러 기회와 제약은 한국의 건축가들이 무엇보다 먼저 대응해야 했던 현실이었다. 이런 시대적 환경 속에서 정림건축이 표방한 경영 원칙과 지침을 이해할 수 있다.

> 정도와 성실을 바탕으로,
>
> 첫째, 우리는 현대사회의 요구에 부응하면서 미래지향적인 창작활동을 통하여 영구적인 국가발전과 환경개선에 공헌함을 목적으로 한다.
>
> 둘째, 우리는 조직적으로 종합적인 창작활동을 통하여 기술혁신과 완벽한 토털 디자인을 수행한다.
>
> 셋째, 우리는 부단한 기술개발과 축적을 도모하여 기술 수준을 국제화하고 나아가 국위선양 및 외화의 절약, 획득을 목적으로 한다.[32]

조직화를 통한 토털 디자인을 추구하고 기술 개발을 축적하는 것이 국위 선양과 외화 절약으로 이어지는 것은 당대 한국 건축과 엔지니어링 업체가 당면한 과제였다. 역으로 기술 개발을 축적할 수 있는 거의 유일한 기회 역시 국가 주도 경제개발 프로젝트에서 주어졌다. 금융계와 산업계에서 경력을 쌓아 온 두 형제의 협력은 경제개발에 가속을 가하던 1960년대 말 여러 프로젝트를 수주하고 수행하는 데 유리하게 작용했다. 형제의 모교인 대광중고등학교 관련 건물, 여러 교회와 은행 지점 등 적지 않은 일이 있었지만, 정림건축이 한 차례 도약하는 첫 번째 계기는 1969년 대성목재공업의 월미 합판공장이었다.[33] 인천 북성포구 동양방직공장 옆에 세워진 8천 평에 달하는 규모의 공장 설계였다. 이 프로젝트를 통해 정림건축은 경제적 안정뿐 아니라 철골 트러스를 이용해 대공간을 만들어볼 수 있는 기회를 얻는다. 이어 1970년에 수행한 한양화학 사택단지는 정림건축이 도약하는 두 번째 계기였다.[34]

한양화학은 1960년대 말부터 추진한 중화학공업 육성 정책의 산물이었다. 1969년 정부는 석유화학공업 단지 조성에 들어간다. 폴리에틸렌, 염화바이닐, 아크릴로나이트릴, 카프로락탐 등의 제품을 생산할 수 있는 공장을 건립하려는 계획이었다. 국내 기술과 자본으로는 부족하였기에 미국 다우(The Dow Chemical) 등의 회사와 합작회사를 설립하거나 차관을 도입했다. 이때 외국과 합작에 나선 회사가 바로 충주비료다. 한양화학은 충주비료와 미국 다우가, 동서화학은 충주비료가 미국 스케리사와, 한국 카프로락탐은 충주비료가 차관을 받아 발족시키게 된다. 정림건축은 이 세 공장 관련 프로젝트를 모두 수주한다. 이 비료공장 건설을 위해 내한한 외국 기술진들을 위한 사택단지와 행정동 건물이었다. 1970년 한양화학 사택단지(울산)를 시작으로 1971년 동서화학 사택단지(울산), 1974년 남해화학(제7비료공장) 공장, 1976년 한양화학 공장 및 사택단지(여천) 등을 잇달아 수주했다. 이 일련의 프로젝트를 통해 정림건축은 외국 엔지니어링 업체와 협업할 기회를 얻었고, 외국 업체가 요구하는 높은 사양의 건설 기술 및 도면 작도법 같은 지식을 습득한다.[35] 일련의 화학 공장 프로젝트의 수주와 진행에 김정식의 충주비료 경험이 큰 힘이 되었음은 물론이다. 정림건축이 무료로 머물던 을지로 적산가옥에서 북창동 삼옥빌딩으로 사무실을 옮기는 것도 이 무렵이다.

남해화학(제7비료공장), 여천, 1974

한양화학 공장 및 사택단지, 여천, 1976

31 김수근은 한강연안개발, 경부고속도로, 울산공업도시 등 1960년대 말 대표적인 인프라스트럭처 개발을 거의 독점하다시피 한 한국종합기술개발공사가 1965년 출범할 때부터 깊이 관여했고, 2대 사장(1968.4.9.-1969.7.22.)을 지냈다.

32 이 운영 원칙은 1979년 정림건축 브로셔에서는 보다 간략하게 정리되어 있다. "정림건축은, 1.새로운 활동공간 창조에, 2.보다 나은 환경 개선에, 3.새로운 기술개발에 앞장선다. 우리는 이러한 목표를 합리적이고 경제적으로 달성하기 위하여 전문화된 인적 자원을 바탕으로 한 조직력과 설계 프로세스의 시스템화로 토털 디자인 수행에 최선을 다하고 있으며 계속 추구할 것입니다."

33 전봉희, 우동선, 『김정식 구술집』(서울: 도서출판 마티, 2013), 93쪽.

34 박영건과 김정철, 김정식의 대담, 『정림건축 1967–1987』(서울: 정림건축, 1987), 12쪽.

35 권도웅과의 인터뷰.

외환은행 현상설계 제출안, 1973

외환은행 현상설계 제출 모형, 1973

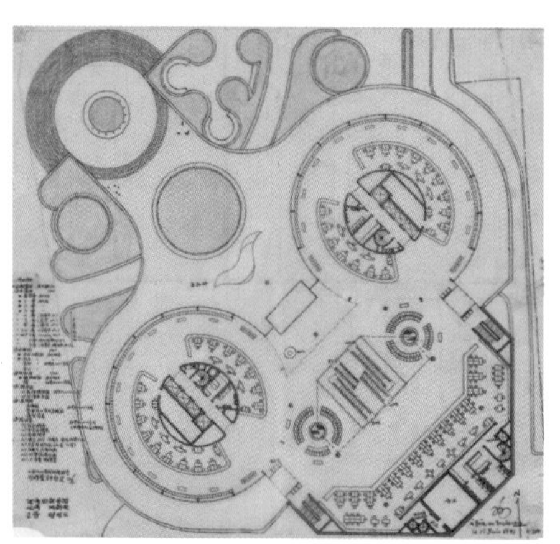

김중업, 외환은행 현상설계 제출안 배치도와 모형, 1973,
김중업건축박물관 소장

화학 공장 프로젝트로 기반을 닦은 정림건축은 1973년 외환은행 현상설계 당선으로 국내 대표적인 설계사무소로 발돋움한다. 현상설계가 있기 4년 전, 김정철은 한국은행에서 외환은행으로 자리를 옮긴 상태였다. 1969년 외환은행은 본사 사옥 신축을 계획하고 사내에 설계팀을 꾸렸고, 이 설계팀에 김정철이 속해 있었다. 은행 내부 사정으로 이 계획은 무산되지만, 김정철은 신축 준비를 위해 40여 일간 해외 답사를 떠나는 행운을 누린다. 은행, 오피스 건축뿐만 아니라 미국과 유럽의 도시와 건축에 관한 견문을 넓힐 수 있는 기회였다. 이 계획이 무산되고 난 뒤 김정철은 외환은행을 떠나 정림건축에 합류한다.

7

1973년 외환은행 현상설계는 정림건축뿐 아니라 한국 현대 건축의 역사에서도 주요한 분기점이다. 우선 외환은행 신축은 1960년대 말부터 정부와 서울시가 추진해 온 도심재개발 사업의 일환이었다는 점에 주목해야 한다. 종로, 을지로, 광화문 일대의 필지를 도심재개발 구역으로 지정해 고밀도 개발을 추진한 서울시의 계획은 1970년대 내내 원활히 진행되지 못했다. 수십에서 수백 개의 작은 필지를 하나의 필지로 만들고 고층 건물을 짓기 위해서는 엄청난 자본 축적과 행정력이 동원되어야 했다. 한국의 자본은 서울을 고밀도로 바꿀 만큼 축적되지 않았다.[36] 때문에 1970년대에 민간 영역에서 도심재개발 사업이 진행된 곳은 거의 없었다. 외환은행 본점 신축은 이런 가운데 1970년대 추진된 대표적인 초기 도심재개발 사업이었다. 대지가 내무부가 사용하고 있던 구 동양척식회사 건물이었기 때문에 정부의 의지에 따라 사업을 진행할 수 있었다. 즉 외환은행은 도심재개발의 시범 사업이자 이후 지어지는 은행 본점 건축의 시발점이었다.

한편 외환은행 현상설계는 1960년대 말 주요 국가 프로젝트가 파행을 겪은 뒤 치러진 대형 현상설계 경기였다. 1966년의 종합박물관 현상설계, 1967년의 정부종합청사는 독립국가이자 민주공화국인 대한민국의 정체성을 건축으로 표상할 수 있는지를 묻는 기회였다. 그러나 전자는 전통적 요소를 현대 재료로 번안하라는 정부의 요구에 주요 건축가들이 반발하면서 보이콧하는 일이 벌어졌고, 후자는 정부가 나상진의 당선안을 번복하고 미국 엔지니어링 업체 설계로 공사를 감행하면서 건축의 생산적인 논의를 도출하지 못했다. 1973년 외환은행 현상설계는 김수근, 김중업, 나상진 등 대표적인 건축가를 비롯한 열두 팀의 지명 현상설계로 진행되었다. 이름값은 없었지만 은행이라는 프로그램에는 가장 밝았던 정림건축은 대단히 강력한 언더독이었다.

36 1970년, 1979년의 1인당 국민소득은 각각 1,600달러와 5,455달러에 그쳤다. 통계청 자료.

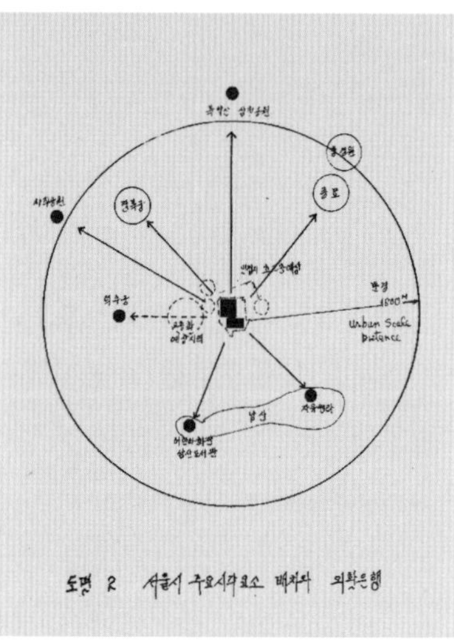

서울시 주요 시각 요소 배치와 외환은행,
「한국외환은행 본점신축공사 계획설계설명서」, 1973

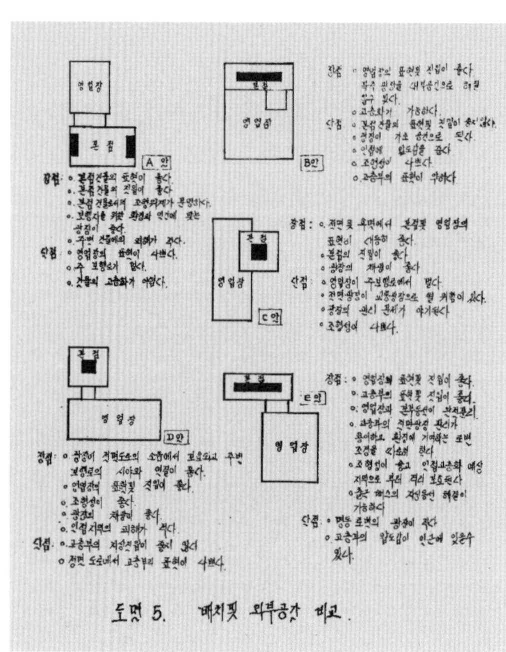

배치 및 외부 공간 비교,
「한국외환은행 본점신축공사 계획설계설명서」, 1973

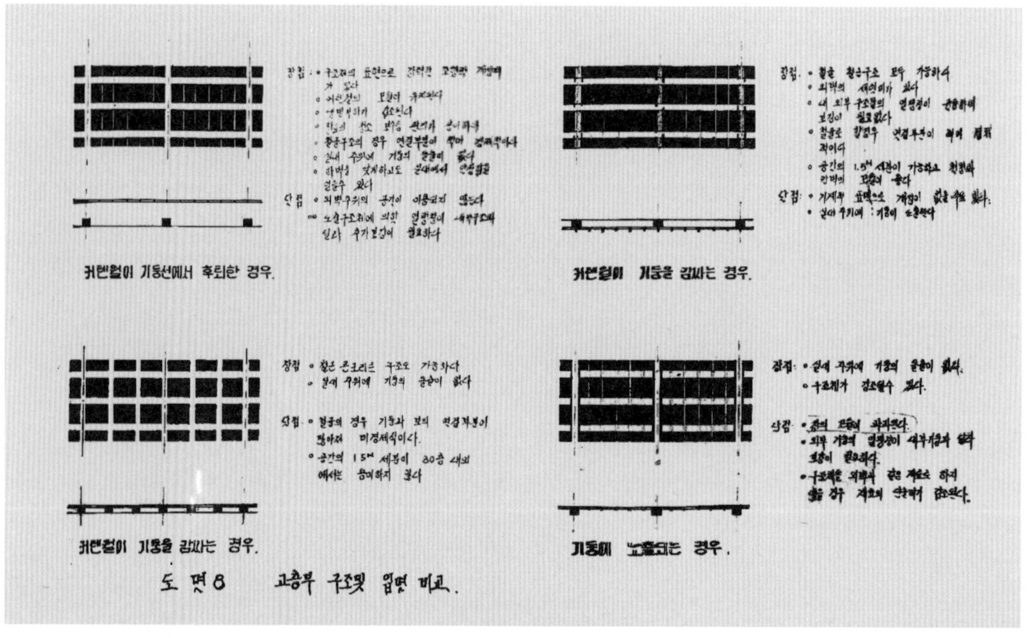

고층부 구조 및 입면 비교, 「한국외환은행 본점신축공사 계획설계설명서」, 1973

삼일빌딩, 한진빌딩 등 철골 구조를 이용한 몇몇 고층 빌딩이 있었지만, 한국 건축가들에게 고층 오피스 건물은 대단히 낯선 건축 유형이었다. 정림건축이 제안한 34층 규모는 당대 최고층 빌딩이었다. 이전까지 설계한 오피스는 외환은행 부산 지점 등 10층 내외가 전부였으니 정림건축으로서도 새로운 도전이었다. 무엇보다 고층 오피스를 생산하기 위한 물적 토대가 전무한 상황이었다. 구조를 위한 H형강, 커튼월을 위한 경량 철골 부재와 패널 등이 국내에서 전혀 생산되지 않았다. 외화 사용이 대단히 엄격했기에 수입 자재를 사용할 수 있는지 여부도 불확실했다. 다소 과장해서 말하면 1970년대 한국의 건축가들은 19세기 말 미국의 건축가들보다 금속 재료를 사용하지 못했다. 1973년 제출안은 고층 오피스와 저층 영업장이 분리되어 있고, 검은색 금속 멀리언이 직육면체 볼륨에 리듬을 부여하는 미스 반데어로에적 구성이 특징이다. 외환은행 설계 시 여러 방면에서 참조점이 된 고층 빌딩으로는 일본의 가스미가세키, 고베 무역센터, SOM의 유니언 카바이드 빌딩, 케빈 린치의 CBS본사, 미스 반데어로에의 시그램 빌딩 등이다. 이 중에서 외형 면에서는 유니언 카바이드 빌딩의 흔적이 지배적이다. 시그램 빌딩을 재해석한 유니언 카바이드 빌딩은 거장을 재해석한 조직 설계사무소의 전형을 제시하는 것이었다. 철골 구조와 외피의 멀리언이 물리적으로는 분리되어 있으나 논리적으로 빈틈없이 묶여 있는 미스의 시그램과 달리 유니언 카바이드는 철골 기둥이 외피와 병합되어 있었고, 하나의 논리가 건물 전체를 관장하지 않는다. 대지의 조건에 더 적극적으로 반응해야 하는 현실적인 이유도 있었다. 뉴욕 중앙역으로 이어지는 철로 위에 지어져야 했기에 철로 폭을 고려해야 했던 것이다.

한국의 건축가들은 고층 건물의 입면을 어떻게 처리해야 하는지, 그리고 각각의 선택에 따르는 유불리를 여러 프로젝트를 통해서 경험한 적이 없었다. 현상설계 당시 정림건축이 제출한 「한국외환은행 본점신축공사 계획설계설명서」에는 이 문제를 해결하기 위한 고민이 고스란히 드러난다. "고층부 구조 및 입면 비교"에서 정림건축은 커튼월과 기둥의 관계를 넷으로 구분하고 장단점을 정리한다.[37] 이 비교표에서 정림건축은 '커튼월이 기둥 선에서 후퇴한 경우'와 '커튼월이 기둥을 감싸는 경우'(기둥이 슬래브의 끝에 위치해 커튼월과 만나는 경우)를 선호했다. 실내에 기둥이 노출되는 단점이 있지만, 고층 건물의 구조와 형태에 어울리는 유형이었다. 외환은행 계획안의 기둥은 외벽 선에 맞닿아 있다. 외피와 기둥의 관계를 어떻게 설정할 것인가 하는 문제는 고층 빌딩에서 대단히 결정적이다. 기둥이 외벽에서 물러나면 평면 활용에서는 불리하나 외벽의 모듈 구성을 자유롭게 할 수 있었다. 정반대로 기둥이 외벽선 바깥으로 나가면 창의 모듈은 파괴되나 공간의 활용도는 가장 높다. 유니언 카바이드 빌딩과 외환은행 현상안에 채택된 방법은 이 둘 사이의 절충이다. 기둥을 바닥 슬래브의 끝 선에 일치시키고 외피는 멀리언의 모듈로 구성하는 것이다. 정림건축은 이를 통해 "국제적 비즈니스의 일선 업무상으로서의 세련미를 추구하고 전체 면을 거울처럼 주변의 환경 및 도시경관을 투영" 시키고자 했다. 정림건축은 미스나 SOM의 고층 빌딩처럼 멀리언의 리듬으로 커튼월을 조직하고, 이 추상적 입면으로 현대 산업사회를 표상하고자 했다. 적어도 이것을 당대의 방법이라고 여겼다.

37 정림건축, 「한국외환은행 본점신축공사 계획설계설명서」 1973, 도면8 참조.

외환은행 착공식 배포 자료(1차 설계 변경), 1976

외환은행 착공식 기념사진, 왼쪽 끝 정주영, 왼쪽 다섯 번째 구자춘 서울시장, 1976년 8월 26일

외환은행 최종안 모형, 1976

외환은행 마감 디테일(사진: 박영채)

그러나 이 계획은 실현되지 못했다. 이를 구현할 수 있는 산업적 기반이 전무했기 때문이다. 고층 빌딩을 말 그대로 세우기 위한 철골은 수입할 수 있었지만, 멀리언과 외장재까지 수입하는 것은 불가능했다. 수입 자재를 최소한으로 사용해야 한다는 현실적 요구를 반영한 1976년 변경안은 정림건축이 제시한 고층 건물의 한 유형으로 자리 잡는다. 이 유형은 이후 이어지는 도심재개발사업, 여의도 개발 등에서 정림건축이 주도적인 역할을 하는 데 기여한다. 우선 내부 공간의 효과적인 활용을 위해 외벽과 커튼월을 분리하지 않았다. 그러면서도 구조의 모듈이 전체 입면을 지배하지 않도록 하는 것이 정림건축의 선택지였다. 철골 구조의 리듬과 무관한 커튼월을 만들어내는 것이었다. 경량 철골 멀리언이 없는 상황에서 네 입면을 동일한 마감이나 리듬으로 처리하는 것이 불가능하다는 판단이었다. 이 결정은 정면과 측면의 구성을 분리하는 결과로 이어졌고, 견고하고 육중한 모서리가 커튼월의 틀을 만드는 것과 같은 효과를 낳았다. 이로써 구조와 외피는 분리되었다. 구조의 논리적 결과로서의 외피가 아니었다. 석재로 마감된 듯한 외환은행의 네 모서리는 구조의 역할을 전혀 하지 않지만 건물 전체에 견고한 인상을 부여한다. 또 아무런 기능도 없고, 내부에 공간도 없지만 얕은 테라스처럼 돌출된 스팬드럴 부분은 입면에 요철감을 부여하며, 기둥의 수직선을 감추고 건물 전체에 수평선을 강조한다.

고층부가 원거리에서 주변 환경에 시각적으로 대응하는 것이라면, 영업장이 있는 저층부는 보행자의 눈높이에서 도시의 가로 조직과 관계를 맺어야 했다. 고층 타워와 저층 포디엄의 조합은 구성면에서는 그리 새로운 것이 아니었다. 르코르뷔지에와 오스카르 니에메예르의 유엔 본부(1948)를 비롯해 여러 선례가 있었을 뿐 아니라, 김정철 역시 대학 4학년 시절에 제출한 서울시 의사당 현상설계에서 이미 실험한 바 있었다. 관건은 건축물의 바닥 면적에 비해 넓은 대지 조건에서 저층부를 어떻게 배치하는가였다. 정림건축은 을지로에서 명동으로 들어가는 곳에 포디엄을 두고 영업장으로 활용하는 방법을 택했다. 구조의 부담이 적은 저층부에서는 더 개방적인 입면을 구성했고, 브라질산 수입 화강석으로 마감했다. 예산 부족으로 고층부는 화강석을 쓸 수 없었고, 정림건축은 다시 현실적인 대안을 마련해야 했다. 분홍빛 타일을 pc 콘크리트 패널에 붙여 건식으로 벽에 조립하는 방식이 해결책으로 채택되었다. 고층 빌딩에 적합하지 않은 작은 타일을 사용하면서도 시공과 공정의 합리화를 모색했다. 동시에 타일의 모듈과 패널의 모듈이 교차하면서 만들어내는 리듬은 넓은 벽면의 단조로움을 피하게 했다. 현장의 임기응변과 생산의 합리화가 타협한 결과다.

1973년 현상안에 강하게 나타난 미스나 SOM의 영향을 1976년의 변경안에서는 거의 찾아볼 수 없다. 설비, 슬래브의 프리패브화 같은 여러 기술적 시도가 국내에서 처음 이루어지기는 했지만, 설계 변경은 일종의 후퇴였다. 당시 한국에서 건축의 표상보다는 생산이 압도적으로 우위였고, 국가 경제 정책이 건축의 의미를 결정했다. 외한은행 프로젝트가 어떤 조건 속에서 계획되고 수정되고 지어졌는지 김정철의 언급에서 짐작해볼 수 있다.

"일반적으로 사무소가 갖는 문제는 현대적인 기계화 공업을 고려한 디테일의 채택, 완전한 시공성을 감안한 재료의 구사, 기술적 문제 외에도 건물 유지·관리 체제의 확립 등 업무의 기계화에 따르는 합리적 제반 설비 조건의 연구를 들 수 있으나, 더욱 중요한 것은 도시계획 및 행정의 뒷받침일 것이다."

1960-70년대 오피스 건물의 수요 대부분을 차지한 은행 영선과에 10년간 몸담은 김정철이었기에 고층 오피스 빌딩은 기계화와 공업화를 통해 생산되고 유지되는 것이야 함을 한국의 어느 건축가보다 더 절감하고 있었다. 그러나 당시 정부의 경제 정책 가운데 주택을 제외한 건축의 합리적 생산은 우선 고려사항이 아니었다. 도심재개발과 이에 따른 중앙 행정부와 국영기업의 공간 재배치 등에서 건축은 도구적 수단 이상이 아니었다.

그럼에도 불구하고 1973년 현상설계에서 완공까지 7년여가 걸린 외환은행 프로젝트는 정림건축에 결정적 계기가 되었다. 김수근, 김중업 등 개인의 창조성을 중요하게 생각하는 건축가들은 쉽게 해결할 수 없는 대형 프로젝트를 정림건축이 능숙하게 처리할 수 있음을 증명했다. 고층부 사무실과 저층부 영업장으로 분리한 유형은 후속작 대구은행을 비롯해 국내 금융사 사옥의 모델이 되었고,[38] 정면과 측면을 별도 처리하고 모서리부와 전면부를 나누는 입면 구성은 정림건축의 상공회의소, 사학연금회관 등 여러 고층 오피스 유형의 모태가 되었다.

8

외환은행은 은행 본점의 전형을 제시한 것 이상으로 중요한 의미를 지닌다. 설계사무실의 조직화와 대형화의 기폭제가 되었다는 점이다. 설계사무소의 조직을 대형화하고 설비, 구조, 전기 등 여러 전문 분야로 나누어 운영한 예가 국내에서 정림건축이 최초는 아니었다. 김정철이 일한 종합건축이 국내에서는 최초로 조직 설계를 표방했다. 그러나 종합건축의 조직화는 학계와 산업계의 전문 인력이 모두 모인 엘리트 집단으로서의 조직화였다. 김정수(소장), 이휴선(난방), 지철근(전기, 서울대 교수), 강진성(건축기사), 윤정섭(도시, 서울대 교수), 이승우(구조, 건축), 김형만(건축) 등 당시 대표적인 공학자들이 함께 몸담고 있었다.[39] 종합건축은 각 분야의 전문 업체와 전문가가 드물던 시절 구성된 산학협력체 같은 조직이었다. 분야별로 책임을 나눴지만, 사무실 전체의 조직이 분야별로 구성되고 운영되지는 않았다. 십수 년 뒤 정림의 시도는 보다 체계화된다.

외환은행을 수주하기 전 1972년 별다른 분야 구분 없이 29명으로 이루어져 있던

38 민현식은 원도시건축이 한일은행 사옥을 설계할 때 이 유형을 "과연 따라야 할 것인지, 또 어떻게 따를 것인지" 무척 고민했다고 술회하며, 은행에서 하나의 전형을 창조했다고 평가한다. "한국의 현대건축가론: 김정철, 김정식의 조직 건축의 시대적 부응", 『공간』, 1985년 9월(제219호), 120쪽.

39 김정수는 훗날 연세대 건축공학과, 김형만은 홍익대 환경대학원의 교수로 재직한다. 종합건축의 조직에 대해서는 장원석, 앞의 글, 29쪽.

정림건축의 조직은 외환은행이 완공될 무렵인 1980년에는 111명의 인원이 기획실, 설계1~4부, 견적부, 감리부, 기전부로 나뉘어 배치되어 있었다. 2년 뒤 인원은 2명 늘었을 뿐이지만 조직은 훨씬 체계화되어, 기획부, 설계1~4부, 해외사업부, 구조부, 견적부, 기계부, 전기부, 감리부, 총무부로 더 세분화된다.[40] 이 분화는 건축과 관계된 산업에 대응하는 것이기도 했지만 발주처의 관료조직에 대응하는 것이기도 했다. 정부 프로젝트의 하자 보수에 즉각적으로 대처하는 방식이었다. 기술 파트의 내부화를 추구하던 정림건축이 조직화의 모델로 삼은 회사는 미국 설계사무소 웰턴 베켓이다.[41] 정림건축은 웰턴 베켓이 1972년 펴낸 『토털 디자인』(Total Design: Architecture of Welton Becket and Associates)을 레퍼런스 삼아 조직을 변화해 나간다. 20세기 초 거장 건축가들이 꿈 꾼 토털 디자인이 건축에서 시작해 가구, 전등, 시스템 키친, 문손잡이 등으로 내려가는 것이었다면, 전후 조직적인 설계를 지향한 대형 설계사무소의 토털 디자인은 건축에서 공장, 인프라, 도시까지 확장되어 나가는 것이었다. 한 개인의 업무 영역을 훌쩍 뛰어넘는 후자를 위해 필요한 것이 사무소의 체계적인 조직이었다.

한편 조직화 추구는 1980년대 중반 캐드 시스템 도입으로도 이어진다. 1985년

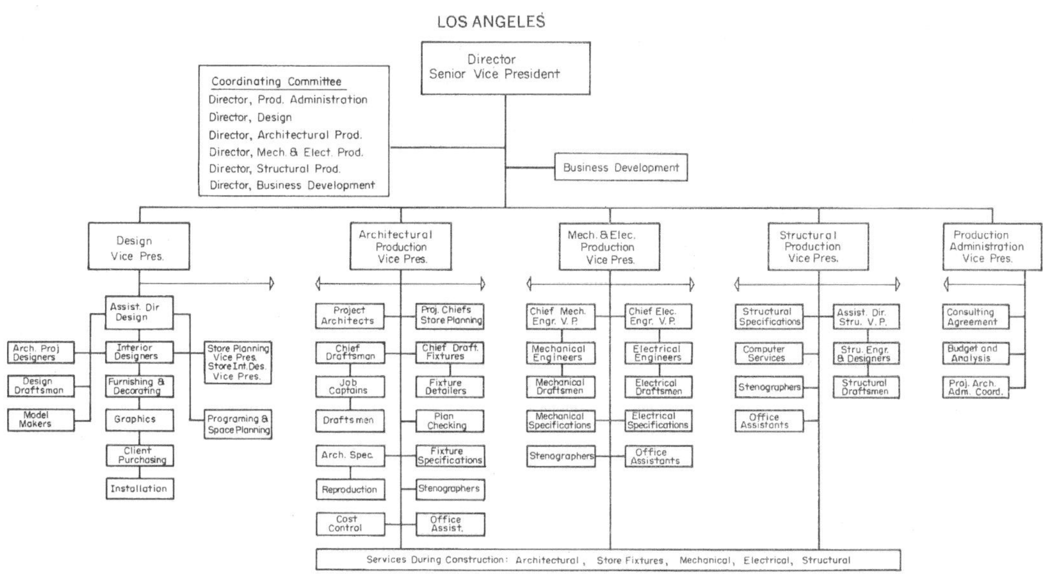

웰턴 베켓 사무소의 조직도, 1972

40 권도웅, 『건축설계 45년: 변화와 성장, 남기고 싶은 자료들』(서울: 기문당, 2014), 96-97쪽.

41 1949년에 설립된 웰턴 베켓은 미국 서부를 중심으로 활동한 대표적인 대형 설계사무소로 한국에도 여러 프로젝트를 수행했다. 도심재개발 사업으로 삼우설계와 협업한 삼성생명 사옥(1984)이 대표적이다.

정림건축 사무소 (1972. 6 현재)

1972/북창동

성명	생년월일	출신교	등록번호	현주소	본적	입사년월일	

정림건축 연구소 (1973 6. 현재)

성명	생년월일	출신교	등록번호	현주소	본적	입사년월일	비고

정림건축 조직도, 1972, 1974

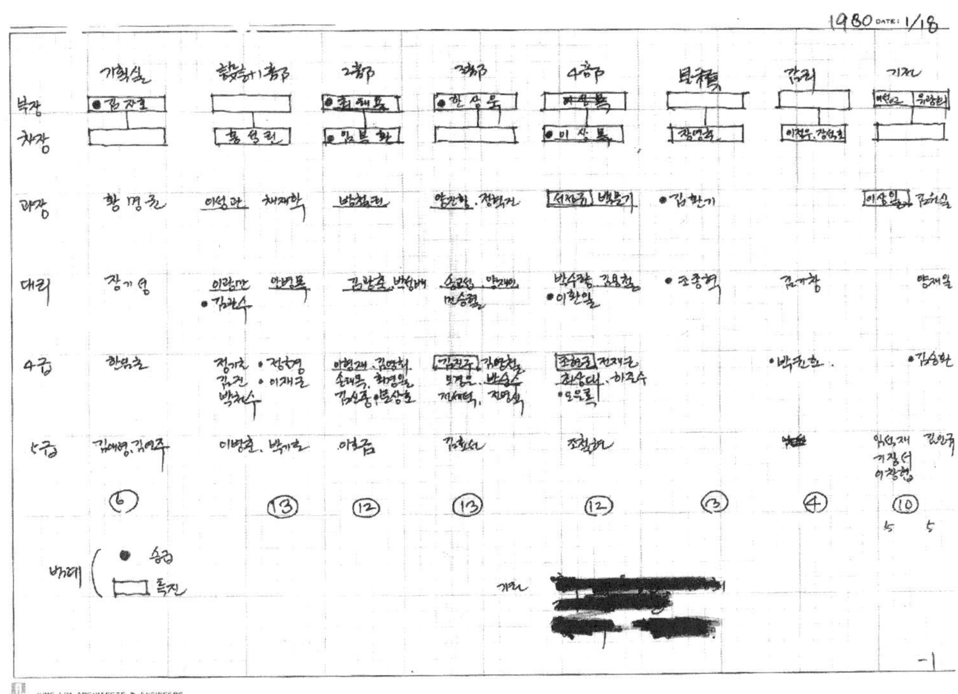

1980. 총인원 111명

1983. 총인원 115명

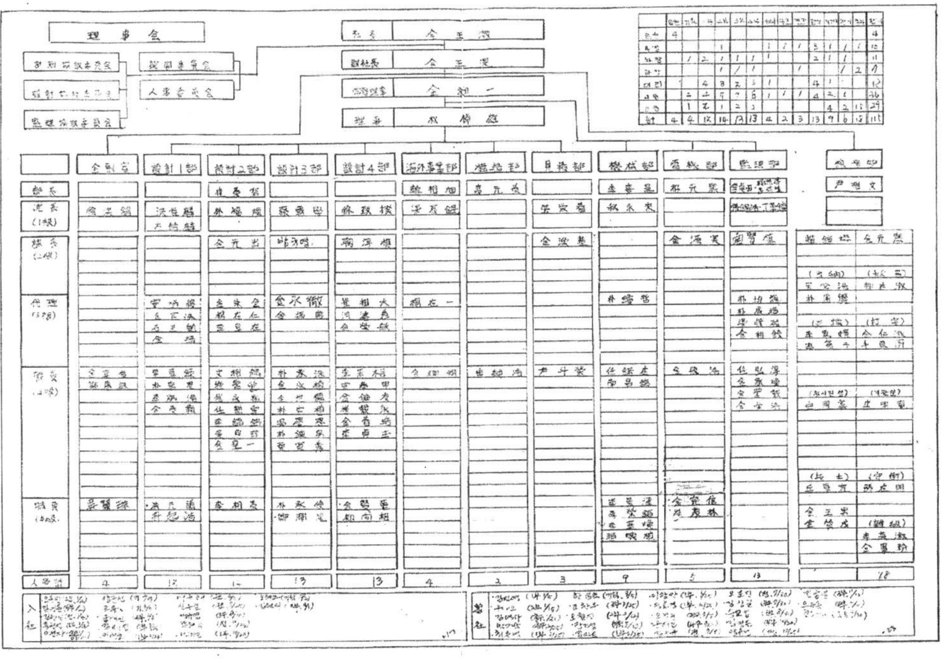

정림건축 조직도, 1980, 1983

'84 년도 수행 PROJECT MAN POWER 분석

건[illegible]	PROJECT 명	담당부	① 연면적 (평)	작업일수 ② 기본설계	작업일수 ③ 실시설계	작업일수 ④ 전체	연인원 ⑤ 기본설계	연인원 ⑥ 실시설계	연인원 ⑦ 전체	특근시간 ⑧ 기본설계	특근시간 ⑨ 실시설계	특근시간 ⑩ 전체	MAN HOUR ⑪ 기본설계	MAN HOUR ⑫ 실시설계	MAN HOUR ⑬ 전체	도면매수 ⑭ 건축	도면매수 ⑮ 구조	도면매수 ⑯ 전체	전체(기본+실시)설[계] ⑰ 인평균 간 [illegible] ⑦÷④	⑱ 월평균 작업시간 ⑬÷⑦	⑲ 1매당 소요일 ④÷⑯	⑳ (1인기준) 1매당 소요시간 ⑬÷⑯	㉑ (1인평균) 1매당 소요인 ⑦÷⑯
	고대 조치원 분교 제5 교육동	3	1.740	32	24	56	123	130	253	104	482^{5}	586^{5}	1.016	1.426^{5}	2.442^{5}	대 40	81	121	5.31	8.13	1.54	66.40	8.17
	구세군 사관학교	4	834.^{3}	127	41	168	308	131	439	360	122.^{5}	482^{5}	2.748	946^{5}	3.694^{5}	중 5	27	32	2.89	8.89	1.44	36.97	4.16
	이화여대 부속 유치원	2	406.^{26}	54	48	102	80	89	169	106	157	263	710	809	1.519	중 65	35	100	4.83	8.26	1.47	58.64	7.10
	제3세계 교회지도자 훈련원	4														·	대 41 특대 6	47	2.78	7.18	0.83	20.77	2.89
병원	구로 병원 4차증축	4	700	54	59	113	124	240	364	101.^{5}	170.^{5}	272	1.005.^{5}	1.938.^{5}	2.944	대 ·	40	40	4.37	9.56	3.05	127.33	13.33
	정신질환자 요양소 기숙사	2	121.^{89}	10	7	27	14	34	48	5	45.5	50.5	109	301.^{5}	410.^{5}	중 25	6	31	1.93	7.90	0.97	14.77	1.87
	AIR BASE HOSPITAL															중 30	8	38	2.22	10.47	1.92	14.63	4.26
공장	모토로라 공장 증축	2	349	20	72	92	47	108	155	34	94.^{5}	128.^{5}	378	890.^{5}	1.268.^{5}	중 33	9	42	2.23	7.71	1.43	24.58	3.19
	야쿠르트 논산 공장	감리	1.314.^{95}	19	38	57	43	114	157	·	310	310	312	1.154	1.466	중 43	16	59	2.96	7.53	2.29	51.05	6.78
	삼양사 울산 사료공장 설계변경	3	576	3	30	33	12	87	89	9	94.^{5}	103.^{5}	105	722.^{5}	827.^{5}	중 39	16	55	2.19	8.33	3.20	58.33	7.00
	진주 비락 공장	3	622.^{89}	10	35	45	21	103	124	·	337.^{5}	337.^{5}	152	1.117.^{5}	1.269.^{5}	중 23 대 9	·	32	3.10	7.42	2.94	67.50	9.09
	진주 비락공장 설계변경	3	352.^{36}	·	14	14	·	31	31	·	146	146	·	374	374	소 18	10	28	1.00	9.59	1.04	9.93	1.04
	한신 기계공업 설계변경	3	14.^{29}	7	13	20	7	20	27	6	·	6	58	148	206								
	삼양사 부산창고	감리																					
	야쿠르트 이천공장 증축	1														대 66	26	92	3.39	8.71	3.47	102.51	11.77
주거시설	주공 고층 아파트	2	2.129.^{6}	37	107	144	61	448	509	136	1.134	1.270	596	4.426	5.022	대 16	·	16	1.00	7.38	3.25	24.00	3.25
연구시설	한국 기계 연구소	1	633.^{74}	8	38	46	17	146	163	·	162	162	128	1.218	1.346	중 6	20	26	2.68	7.46	1.31	26.12	3.50
																대 72	20	92	3.54	9.07	3.08	98.69	10.88
																중 21	·	21	1.94	8.91	2.57	44.55	5.00

1984년 수행 프로젝트 맨파워 분석

미국에서 시그마3(캐드 시스템)를 국내에 도입하기로 한 것이다. 미국 건축 설계사무소에 직원을 파견해 견문을 넓히고 자료를 얻는 방식으로 세계 건축계의 동향을 주시해 온 정림건축은 1985년 25만 달러를 지불하고 시스템을 도입한다. 고정환율이었던 1985년 1월의 환율은 830.30원, 12월의 환율은 890.88원이었고 연평균은 860.59원이었으므로, 당시 시세로 2억 1,500만 원이 넘는 금액이었다. 1985년 정림건축의 직원은 130명, 월급 총액이 6,200만 원 내외였으니 캐드 시스템 도입은 전체 직원의 석 달 치 월급에 해당하는 금액이었다. 큰 비용을 들여 도입한 캐드 시스템이 설계에 직접 활용되지는 못했다. 캐드를 비롯한 컴퓨터의 활용이 설계 작업의 변화를 불러오기까지는 시간이 더 필요했다. 초창기 캐드는 프레젠테이션용 투시도 제작 등에 활용되었다. 간단한 선 드로잉에 불과한 것이었지만, 컴퓨터가 그려낸 투시도는 건축주의 호기심을 자극하기에는 충분했다. 그러나 이런 실제 효용보다 주목해야 할 것은 캐드의 한글화 과정이다. 작업의 능률을 위해서는 메뉴의 한글화가 필요했고, 캐드로 작성한 도면을 현장에서 활용하기 위해서는 한글을 입력, 출력할 수 있어야 했다.[42] 워드프로세스 글과 한글 타자 프로그램으로 유명한 한메타자교실이 1989년에야 출시되었음을 감안하면, 컴퓨터에서 한글을 입출력하는 문제는 결코 간단한 일이 아니었다.

정림건축은 한글 완성형 글자 전체를 캐드로 그려서 사용하는 방식으로 해결했다.

42 이 프로젝트를 이끈 인물이 조찬원(현 빌딩스마트협회 기술연구소 소장)이다. 정림건축은 그의 카네기멜런대학 유학을 후원했다.

-2

	기본설계		실시설계							설계기간 실행		계약			설계작업인원 ( )안은 작업일수	비고
	월평균 작업시간 ⑪÷⑤	(1인평균) 1평당 소요시간 ⑪÷①	월평균 인원	월평균 작업시간	1명당 소요일	(1인평균) 1매당 소요시간	(1인평균) 1매당 소요일	(1인평균) 1매당 소요일 (정량근무환산)	(1인평균) 1평당 소요시간 ⑫÷①	설계기간	일수	계약일	납품일	일수		
	7.54	0.15	4.97	8.29	1.31	53.76	6.49	7.39	0.65	84.1.14-84.9.29	260	84.3.27	84.8.30	157	석정훈 (128) 김태걸 (85) 박성배 (43) 박희성 (147) 박기호 (172) 김성은 (124) 최장희 (155) 이병호 (57) 김남우 (36) 홍원진 (26) 이광인 (10) 김관수 (5)	
	7.56	4.43	3.29	9.49	0.88	27.28	2.88	3.66	12.47	84.2.20-84.4.11	51	84.2.28	84.4.12	52	석정훈 (46) 이광인 (15) 홍원진 (9) 최장희 (26) 김남우 (8) 박기호 (29)	
	8.16	0.21	5.36	8.28	1.07	47.54	5.74	6.45	0.92	83.10.27-84.5.4	186				김광호 (112) 최영석 (131) 이상대 (124) 이형재 (41) 오은경 (5) 임상호 (30) 김정호 (69) 양제민 (86) 이호근 (66) 조찬원 (46)	
	·	·	3.49	7.18	0.83	20.77	2.89	2.89	0.07	84.11.8-84.12.22	45				정해청 (35.5) 고희광 (30) 박정규 (30) 안종섭 (18.5) 김성은 (16.5) 박기호 (5.5)	
	9.08	0.13	5.10	9.69	2.03	100.10	10.33	13.50	0.46	84.3.26-84.8.11	138	84.3.21	84.9.30	194	김정 (107) 김태걸 (39) 이광인 (71) 이병호 (69) 최장희 (3) 박기호 (5) 홍원진 (71) 김성은 (13) 김남우 (75) 박성배 (33) 조철현 (40) 박희성 (7) 김석규 (6)	
3	7.14	0.18	1.83	8.14	0.77	11.55	1.42	1.55	0.65	84.3.21-84.5.25	65	84.3.21	84.4.25	36	오경은 (25) 김성걸 (25) 박영준 (4) 정윤성 (4)	
	9.59	1.39	2.68	11.49	0.74	22.67	1.97	3.10	1.44	84.3.27-84.8.11	137	84.6.	84.7.30		채재헌 (4) 박승준 (30) 황인수 (64) 박영준 (64)	
	7.93	0.70	2.43	7.62	0.95	17.60	2.31	2.41	1.76	84.8.16-84.10.26	71				황인수 (57) 박영준 (29) 박승준 (37) 장석완 (11) 김홍범 (3) 박정규 (3)	
	7.14	1.76	2.78	7.74	1.58	33.99	4.39	4.63	3.52	83.4.15-84.2.9	294				채재헌 (37) 허정훈 (36) 정호경 (4) 최장희 (10) 박희성 (1) 홍원진 (1) 민승현 (50) 박승수 (10) 방규엽 (25) 전세희 (43) 김홍범 (32) 박승준 (54) 정윤성 (42) 전해식 (25) 박희석 (20) 황인수 (10)	
	9.06	0.38	2.53	8.11	2.13	43.66	6.38	5.99	1.13	83.9.5-84.7.30	329	84.1.	84.4.5		김영민 (41) 안태갑 (125) 유봉상 (79) 김헌용 (57) 김종우 (53) 김종배 (50) 장영환 (3)	
	7.40	1.16	1.44	7.50	1.22	13.13	1.75	1.75	0.28	83.9.26-84.7.7	285				구순모 (53) 유봉상 (92) 김영돈 (16) 장영환 17 최상대 (33) 김헌용 (30) 이정욱 (31) 김효선 (19)	
	8.93	1.08	1.00	10.20	0.54	5.46	0.54	0.75	1.32	84.4.16-84.5.21	35				김형준 (29)	
																작업일지 없음
																작업일지 없음
3	8.40	0.20	4.44	8.89	1.66	65.77	7.39	8.98	0.35	83.9.24-84.10.27	399				채재헌 (2) 김진구 (249) 김영철 (39) 박규열 (64) 박종남 (176) 전영식 (11) 정윤성 (6) 김홍범 (177) 박승준 (1) 박승수 (139) 김상길 (61) 전세희 (139) 장석완 (25)	
	7.33	·	1.00	7.41	2.13	15.75	2.13	2.13	·	83.7.15-84.3.23	253				오경은 (38) 박승수 (13) 박희석 (1)	
	8.00	0.32	2.45	7.31	1.12	19.96	2.73	2.75	1.04	83.12.19-84.3.26	98	84.3.10	84.3.31	22	김태갑 (29) 박희성 (22) 홍원진 (14) 김성은 (14) 안병덕 (6) 박기호 (6)	
9	8.72	0.62	4.42	9.26	1.59	65.05	7.02	8.85	1.20	83.9.9-84.10.25	383	84.1.12	84.6.20	161	이형재 (259) 김형일 (160) 김정호 (58) 오은경 (64) 임한재 (29) 조찬원 (111) 김광호 (40) 이상대 (89) 이호근 (87) 양제민 (5) 최영석 (94) 이해규 (5)	
3	7.72	0.31	2.28	9.25	1.71	36.12	3.90	4.83	1.34	84.4.9-84.6.11	64	84.4.30	84.5.31	32	윤봉환 (3) 김영호 (58) 최정욱 (30) 최영석 (18)	

대구은행 캐드 렌더링, 1986

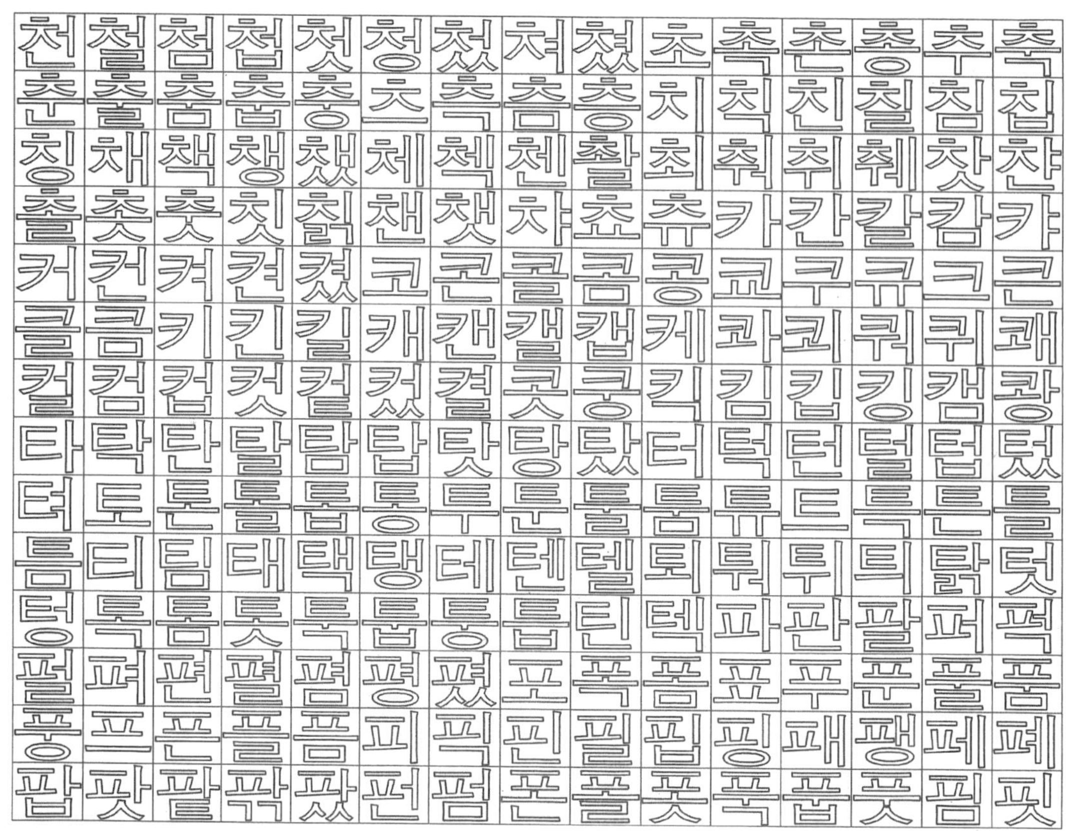

X100-05-22

『건축상세: 정림 디테일』, 부록에 수록된 라인 드로잉으로 완성한 한글표, 1990

『한국형 표준디테일』(1979)이 일본 다이세이 건설과 협업한 플라자호텔 등을 통해 습득한 여러 디테일을 청사진으로 구워 펴낸 결과물이었다면, 『건축상세: 정림 디테일』(1990)은 디테일 도면 전산화의 결과였다. 조직적인 설계를 하기 위한 지적 데이터베이스 구축을 다른 어떤 국내 설계사무소보다 일찍 시작했다. 그러나 이런 기술 파트의 내부화 전략은 1997년 IMF 구제금융 위기를 맞아 좌초되고 만다.

9

김정철은 1984년 3월에서 1988년 2월 한국건축가협회 부회장을 거쳐 16대 회장을 역임한다(1988년 3월~1990년 2월). 건축작가협회를 전신으로 하는 건축가협회는 문화와 예술로서의 건축을 추구하고 사회적 책임을 지는 건축인을 지향하는 직능단체다. 건축사라는 법적 지위를 보증하는 직능단체인 건축사협회와는 다른 헤게모니를 형성해 왔다. 이천승, 김희춘, 송민구, 엄덕문, 정인국, 김수근, 이승우 등 문화적 권위를 인정받는 이들이 협회장을 이어왔다. 김정철의 회장 선임은 조직 건축을 목표로 삼는 설계사무소가 한국 건축계의 문화적 중심에 편입했음을 알리는 것이었다.[43] 서울대-종합건축-한국은행으로 이어진 정림건축 창립 이전 김정철의 행보는 당시 건축을 전공한 한국의 젊은이가 택할 수 있는 최고 엘리트의 길 가운데 하나였지만 건축계 내부에서는 비주류였다고 해도 과언이 아니다. 김정철과 정림건축은 명문 고등학교의 인맥, 거장 건축가 아래에서 수련, 기념비적 국가 프로젝트의 수주, 한국적인 것의 현대화 등 비슷한 세대 건축가들이 명성을 쌓아나가는 길과 다른 경로를 지나왔다. 역설적으로 이 다른 경로가 정림건축이 산업화 시대의 한국에서 대형 프로젝트를 수행할 수 있는 밑바탕이 되었고, 한국 현대 건축의 다양성을 가능케 했다.

한편, 1980년대 중엽은 대형 설계사무소의 익명성과 개인 건축가의 작가의식이 공존할 수 있는 마지막 시기였다. 아틀리에가 할 수 있는 작업과 대형 설계사무소만 할 수 있는 작업은 확장된 경제 규모에 맞추어 점차 분명하게 나뉘었다. 또 대형 설계사무소를 키워낸 1930년대 생 건축가들이 장년으로 접어들던 시점, 즉 제도판보다는 책상에 앉는 시간이 늘어나던 때이기도 했다. 정림건축에서 김정철 개인의 흔적은 이 무렵부터 차츰 옅어지기 시작한다.[44] 한국종합무역센터(1985), 국립중앙박물관(1995), 인천국제공항 여객터미널(1997) 등 정림건축이 온전한 조직 설계의 틀을 갖추고 성장하게 되는 때는 이 이후다. 이들 작업을 분석하고 역사적, 비평적으로 평가하는 일은 또 다른 시선과 언어가 필요하다.

43 중대형 설계사무소의 대표가 회장을 맡은 것은 김정철이 처음이었고, 그후로도 30년 가까이 없었다. 삼우건축 부사장 한종률이 29대 건축가협회장에 취임한 때는 2014년이다. 그 사이 원도시건축의 윤승중, 변용 등이 건축가협회장을 역임했지만, 설계사무소의 규모와 지향점을 감안할 때 원도시건축을 대형 설계사무소로 평가하기는 힘들다. 즉 대형 설계무소이면서 문화적 지위를 획득한 설계사무소는 정림건축뿐이었다는 말이기도 하다.

44 이후의 작업에서 한 개인의 자취를 추출해내는 것은 무의미할 뿐만 아니라 조직 설계를 부정할 위험이 있다. 개인사와 작업 비평을 엮는 이 글의 구성이 성글고, 다루는 시대와 대상이 대단히 협소하며 선택적인 것도 이 때문이다.

노량진 자택 서재에서 젊은 시절의 김정철

만년의 김정철, 2000년대 후반

정림건축 50주년의 의의

인터뷰: 권도웅

일시	2017년 5월 1일
장소	권도웅 자택
인터뷰어	박정현, 박성태, 김상호

권도웅은 한양대학교 건축공학과를 졸업하고 1967년 정림건축에 입사해 44년간 근무하면서 1995-1998년 사장을 쳐서 2012년까지 정림건축 상임고문과 기술연구소장을 지냈으며, 현재는 서울 YWCA 고문과 한국 HABITAT 고문이다.

창립 50주년

금년이 정림건축 창립 50주년이 되는 해인데 어떤 의미가 있는가?

한 기업이 25년간 생존하는 비율이 25% 내외라고 한다. 제조업도 아닌 지식 산업인 설계 집단이 50년 동안 끊임없이 발전한다는 것은 쉬운 일이 아니다. 더욱이 여전히 성장 궤도를 달리고 있다는 점은 높이 평가받을 만한 일이라 생각한다. 정림과 함께했던 분들이나 재직하고 있는 구성원 모두가 자부심을 가질 일이다.
특히 소천하신 설립자 김정철 회장이 소망했던 정림건축의 영속이 진행되고 있어서 그도 기뻐하리라 짐작된다.
1987년, 창립 20주년 때는 전시, 작품집 발간, 건축주를 모신 리셉션 등의 기념행사가 있었다. 30주년 때는 내용과 규모를 확대해 작품집과 정림건축 30년사 발간, 해외 건축가 초빙 세미나 등을 추진하다가 IMF를 맞게 되어 부득이 중단되었다. 또 다른 50년을 향한 정림건축은 건축을 사랑하고 건강한 건축을 추구하는 구성원들의 정열과 각오로 새 출발을 하는 시점이라 할 수 있다. 내실을 추구하고 질 높은 설계를 함으로써 건축주의 신뢰를 얻은 것이 오늘의 정림건축을 만들었다.

44년 장기근속

요즘 세대는 물론이고, 우리 세대만 하더라도 한국 현대 건축의 역사에 대해 잘 알지 못한다. 대개 김수근, 김중업 두 이름 정도만 안다.
정림건축이나 원도시건축처럼 조금 큰 조직의 회사 내부에 어떤 건축가가 어떤 작업을 했는지 거의 모른다.
이 책의 목표는 김정철 회장을 중심으로 정림건축의 역사를 소개해서 한국 현대 건축사에서 정림의 위치를 자리매김하는 것이다. 자료를 수집하다 보니 김수근 선생에 대한 접근 방법과 김정철 선생에 대한 접근 방법이 같아선 안 될 것 같다는 생각이 들었다. 여러 자료를 찾다가 선생께서 45년 회고록처럼 쓴 『건축설계 45년, 변화와 성장』을 보고 한번 만나고 싶었다. 그 책이 정림건축의 조직에 관해 기록된 거의 유일한 자료였다.
입사 계기와 그 후 44년을 일할 수 있었던 이유가 궁금하다.

한양대학교를 졸업한 1965년, 육군에 입대하여 베트남에 파병되었다가, 1967년 말에 귀국해 제대했다. 대부분의 설계사무소는 일이 별로 없던 때라 대림산업에 들어가기로 했다. 당시 사장을 아버지께서 잘 아는 분이라 입사 약속을 받아 놓고 잠시 쉬고 있었는데, 그때 친척 한 분이 정림건축을 소개하면서 실습이라도 해보라고 했다. 하숙비가 1만 5,000원 시절에 월급 8,000원을 받고 정림에 출근하게 되었다. 당시 대림산업의 월급은 2만 원이었던 것으로 기억한다. 우연한 인연이었었을 뿐 특별한 계기는 없었다. 출근한 지 3개월 후에 대림산업에서 연락이 왔을 때는 이미 정림 직원들과 정이 들어 정림에 남기로 했다.
오래 근무할 수 있었던 것은 내가 그리는 나의 장래 그림과 회사가 추구하는 비전이 비슷했기 때문이다. 건축가의 덕목이라 할 수 있는 창의성, 커뮤니케이션, 통합적 사고력을 겸비한 김정철 회장은 구성원들의 디자인 능력이 곧 조직의 능력이라는 신념을 가진 분이었다. 균형 있는 설계 조직을 만들고, 그 안에서 건강한 작품을 만들었다. 그런 덕목을 겸비하고 실천한 분이 김정철 회장이었고, 정림건축에 장기근속자가 많았던 이유였다. 나도 그중의 하나다.
정림건축이 성장을 거듭했지만 어려운 때도 있었다. 1970년의 불황과 1997년의 IMF 경제체제로 인한 불황은 직원 수를 줄여야 하는 위기의 순간이었지만, 단 2, 3개월 만에 이를 극복해냈다. 첫 번째 위기 때 정림건축을 2개월 동안 떠났다가 복귀한 적이 있다. 1974년 차관으로 여수에 신축 예정이던 남해화학 제7비료공장의 설계와 시공 감독을 맡은 미국 플랜트 엔지니어링 회사(FLUOR Corporation사)와 협업 때 내가 실무 책임자였다. 일이 끝날 무렵에 파견 근무하던 미국인 감독관이 나를 잘 보았는지, 미국 본사로 함께 가자고 제안했다. 회사에서도 승낙해서 준비를 하던 중에 외환은행 본점 설계로 일이 많아지는 바람에 포기한 적도 있다. 그렇게 두어 차례 정림을 떠나려는 시도했지만 성사되지는 않았다. 고민과 갈등의 시기도 있었지만, 긍정적인 면이 더 많은 회사였다. 정림이 처음부터 내게 낙원은 아니었지만, 가능성이 있는 곳이었고, 그 가능성을 더 확실하게 만들고 싶은 생각에 계속 일했는지도 모르겠다.

에피소드

김정철 회장과 함께하면서 에피소드가 있다면?

1980년대 초까지만 해도 현상설계 때 결과물을 켄트지에 잉킹한 패널로 제출했다. 대형 프로젝트인 경우 20, 30개의 패널을 제출해야 하는데, 날짜가 임박해서는 패널 담당 직원이 철야 작업을 해야 했다. 신문지를 깔고 잠시 새우잠을 자기도 하고, 의자를 대충 붙여 그 위에 누워 자기도 해서 피난민 수용소 같았다. 그렇게 완성한 패널을 마지막 단계에서 김정철 회장이 점검하는 과정에서 직선 계단을 곡선계단으로 바꾸자는 식의 의견을 내면 난감해졌다. 켄트지 잉크 선을 면도칼로 벗겨내고 다시 그려야 하기 때문이다. 심사위원들이 투시도만 보고 당선작을 선정한다는 이야기가 돌던 시절에 계단 하나 변경하는 것을 실무자들은 이해할 수 없었다. 김 회장은 콘셉트 못지않게 디테일 디자인도 포기하지 않는 섬세한 분이었다. 현상설계가 한창 진행될 때는 골프 약속도 줄이고, 미리 스케치나 의견을 주시면 좋겠다든지, 건축주와의 골프와 달리 친구분과의 라운드는 근무라고 할 수 없다고 생각한다는 식의 건방진 건의도 드렸다. 이야기를 듣고 당신이 자꾸 잊으니 메모해주면 좋겠다고 했다. 그렇게 직원의 이야기를 경청하고 받아들이는 분이었다. 다른 회사에서는 엄두도 내지 못할 일이었다.

정림의 조직 변화

1973년에 외환은행 본점 현상설계에 당선되고, 비슷한 시기에 플라자호텔, 남해화학 등 큰 프로젝트를 수주하면서 정림건축이 크게 성장한 것 같다. 정림건축의 조직 변천 과정에 대하여 듣고 싶다.

"조직적이고 종합적인 창작 활동을 위하여 기술혁신과 완벽한 토털 디자인을 수행한다." 정림건축의 설립 취지 세 항목 중, 두 번째 내용이다. 김정철 회장은 정림건축을 설립하면서부터 건축디자인뿐만 아니라 설비, 방재, 구조, 조경, 예산 관리 등의 분야를 포함해서 완벽한 설계를 해야 한다는 뜻이 나타나 있다. 설립 당시에는 조직적인 설계라고 할 수 없었지만 시간이 지나면서 점차 토털 디자인 조직으로 변모했으며, 외환은행 본점 현상설계 당선이 체계적인 조직을 만드는 계기가 되었다. 1975년에 현재의 사옥 부지에 5층 사옥을 신축하여 외환은행 부지의 임시 사무실에서 나왔다. 그때 계획부, 설계부, 설비부, 특별사업부, 감리부, 총무부 등 6개 부서, 14개 과로 구성된 설계 조직이 완성되었다. 14개 과는 기획, 계획, 설계1~4, 견적, 기계, 전기, 건축, 설비, 총무, 경리과, 특별사업팀(종합전시장, 외환은행 본점팀)이었다. 이 조직을 기반으로 보완을 거듭하면서 오늘의 정림 조직으로 발전했다.
설립 초기 국민소득 179달러 시대에서 2만 달러가 넘는 경제성장으로 다양화, 대형화하는 사회 변화에 맞추어 조직도 변화했다. 하나의 설계

단위가 9명에서 시작하여 40명 내외로 커졌고, 명칭도 과, 부, 실, 본부로 바뀌었다. '현대사회 요구에 부응하면서 미래지향적인 창작 활동을 한다'는 설립 취지 첫 항목에 맞추어 조직의 변신을 거듭했다. 인원이 늘어나면서 설계 단위별로 교육, 의료, 전시, 종교, 업무, 방송시설 등으로 전문화를 했다.
1994년에는 미국 일부 대형 설계사무소에서 시행하고 있던 직능(PM, PD, Architect)으로 짜인 부서 단위를 만든 적이 있다. 하지만 우리 실정에 맞지 않는 제도로 판단되어 2년 만에 이전 조직으로 환원하는 시행착오도 겪었다. PM, PD, PA 순으로 이어지는 수평적 업무처리는 프로젝트의 책임(설계 기간, 공사비 등)이 모호하고 설계의 질을 높이는 데 저해 요인으로 작용했다. 우리 현실에서는 수직적 조직이 프로젝트를 일관성 있게 진행하는 데 더 효율적이고, 설계의 질을 높인다는 사실을 확인했다. 그 흐름은 지금도 이어지고 있다.

1970년대 중후반에 정림이 조직 설계로 바뀌었을 때 국내 다른 설계사무소 중에 비슷한 설계사무소가 있었는지 궁금하다.

1970년대 중후반 정림건축과 비슷한 규모의 설계사무소는 공간, 엄이건축, 종합건축 등이다. '빅 포'라고 자부하던 4개 사무소끼리 친선축구대회를 매년 개최했는데, 정림건축이 주로 우승한 기억도 난다. 4개 설계사무소의 규모는 비슷했지만, 체계적인 조직을 만들고 보완, 발전시키는 데는 정림이 앞섰던 것 같다.

아파트 프로젝트

둔촌, 도곡주공아파트는 정림에서 거의 다 했다고 봐도 되는 건가? 정림이 설계를 했다는 것은 최근에 알게 되었지만, 정림의 역할이 어디서부터 어디까지였는지 알 수 없었다. 실시설계만 한 게 아니고 단지 계획과 세대평면까지 모두 한 것인가?

주공에서 단지 계획팀을 운영할 때라 단지 계획을 제외한 아파트의 평면, 입면 계획부터 실시설계, 구조 계산, 시방서, 예산 내역서 작성에 이르기까지 모든 설계 업무를 정림이 담당했다. 주공 자체에도 설계실이 있었고 적지 않은 인원들로 구성되어 있었지만 5층 이하 공동주택을 주로 다루었다. 1978년부터 1980년까지 표준(prototype) 고층 아파트 계획, 5,000세대 규모의 둔촌동주공아파트, 도곡동주공아파트, 한남외인아파트, 과천주공아파트 등 당시 12층짜리 고층 아파트는 모두 정림이 설계했다. 그 후 1985년에는 아파트 경기가 하락해 분양 실적이 전반적으로 저조할 때였는데, 정림에서 설계한 9공구만 인기리에 분양된 것으로 기억한다.
내가 정림의 주공 프로젝트 담당 임원일 때인데 가장 힘들었던 것은 입면 계획을 한 후에 주공설계실과 협의를 하는 과정에서 핸드레일 형태를 변경 요구할 때였다. 거실과 안방 앞의 발코니 핸드레일 디자인을 바꾸려면 1만 개 이상의 난간 동자를 다시 그려야 해서 철야 작업을 했다. 주공 설계 담당자의 비위를 건드리는 일이 없게 하는 것이 중노동을 방지하는 해결책이었다.

도면 매뉴얼

남해화학 제7비료공장 관련 건축물을 설계(1974)하면서 미국 플랜트 엔지니어링 회사에서 받았던 드로잉 매뉴얼이 정림에서 도면을 작성하는 데 영향을 주었나? 그런 자료가 국내에 없던 시절 아니었나?

미국 엔지니어링 회사로부터 전수받은 드로잉 매뉴얼은 정림의 도면 질을 한 단계 높이는 결정적인 역할을 했다. 드로잉 매뉴얼이라는 용어조차 모르던 시절이었다. 도면에 기재해야

할 내용을 비롯하여 혼동하기 쉬운 숫자의 예, 글씨도 가급적 같은 사람이 쓴 것같이 기재해야 하고, 도면에 치수를 표기하는 방법, 심지어 방위표 형태도 정해주는 등 설계도면 작성 규정을 정한 것이 드로잉 매뉴얼이다. 처음에는 규정을 따르는 일이 어려웠지만, 도면의 질을 높인다는 사실을 깨달았다. 남해화학 프로젝트는 건축주가 미국 회사여서 도면에 기재하는 글은 영문과 한글을 병기했다. 미국 본사 승인도 받아야 하고, 국내 건설기술자와 기능공이 도면을 이해할 수 있게 해야 했기 때문이다.
정림에 매뉴얼을 전수해준 FLUOR Corporation은 세계 각국의 비료 공장을 설계, 건설 관리하는, 1,800명이 넘는 직원을 거느린 세계적인 플랜트 엔지니어링 회사다. FLUOR Corporation은 당시 경제기획원으로부터 건설 업무 전체를 수임받았는데, 탱크와 파이프라인 등 생산설비 이외의 공장 내의 많은 일반 건축물을 정림건축에 맡겼다. 설계비는 미국에서 달러로 받았다. 비료 생산시설 자체는 정림에서 할 수 있는 일이 아니었다. 당시 국내에는 생산시설인 플랜트를 설계할 수 있는 엔지니어링 회사가 전무하던 시절이었다.
비료공장 설계를 마친 후 그 회사의 매뉴얼을 참고해 하나하나 정림 자체 매뉴얼을 만들었다. 우리보다 설계 수준이 높다고 생각되는 외국 설계사무소의 매뉴얼을 입수하려는 노력은 그 뒤로도 지속하였다. 1980년에는 DMJM의 『프로덕션 가이드』(1972)와 HOK의 『Quality Assurance』도 입수해 매뉴얼을 보강했다.

표준 디테일과 CAD도입

『건축상세』를 발간하게 된 배경이 궁금하다.

설계도에 따라 시공이 끝나면, 하자나 문제점이 없다고 판단되는, 다른 프로젝트에도 적용 가능하다고 판단되는 공통 상세도를 모았다. 이 일은 1976년부터 본격적으로 시작되었다. 이후 3년만인 1979년에 A4 크기, 400쪽에 달하는 청사진 책자를 만들어서 설계 단위별로 배부했다. 이미 해결된 디테일을 공유함으로써 매번 디테일을 만드는 수고와 시간을 절약하고 하자도 사전에 방지할 수 있었다.
1985년 CAD 시스템을 도입하면서 표준 디테일 청사진 책자는 전산화를 거쳐서 1987년에 '건축상세'라는 제목으로 건축계에 공개했다. 정림의 경쟁력 중 하나인 표준 디테일을 공개할 수 있었던 것은 업계에서 앞서가고 있다는 자신감과 열악한 환경의 설계사무소에 도움을 주기 위함이었다. 남이 없는 것을 갖고 있다는 것은 분명 경쟁력이지만, 우리는 더 나은 디테일을 계속 만들어서 우위를 점할 수 있다는 자신감이 있었다.
디자인 의도가 담긴 디테일에 표준이라는 용어는 적합한 표현이 아니라 생각했다. 디테일은 디자인 의도에 따라서 항상 개발되어야 하며, 더 나은 재료가 생산되면 그에 맞는 디테일을 개발해야 하고, 예전 것은 폐기해야 한다는 것이 정림의 생각이었다.

설계사무소 최초로 CAD를 도입한 것으로 알고 있다.

1985년, 1년 수주액이 10억 원에 불과하던 시기에 2억 원이라는 거금을 투자하여 CAD 시스템을 설계사무소 최초로 도입했다. 본체, 듀얼 모니터, 펜 플로터, A3용 흑백 카피어(copier, 지금의 프린터), 철제 전용 테이블의 가격이 2억 원이었으니 과감한 투자였다. 전산화는 곧 직원 감축으로 이어진다는 소문도 돌았지만, 설계의 질을 높일 수 있고 CAD 활용으로 실시설계 기간이 단축되면 더 많은 프로젝트를 소화할 수 있다고 직원들을 설득했다.
전산실을 새로 만들고, 초기에는 전문 인원으로만 운영했다. 여름에 덥고, 겨울에 춥던 설계실 환경이었는데 전산실은 항온항습을 유지하면서 시스템 가동 시간을 가급적 늘였다. 투자에 대한 최대한의 효율을 높여야 했다. 시스템 중에서 플로터가 가장 신기했다. 지정한 선의 굵기, 색에 따라서 펜을 바꿔가면서 빠르게 도면을 그리는 과정을 눈으로 볼 수 있었다. 건축주들의 신뢰를 얻는 데 크게 기여했다. 영문 사용만 가능한 시스템이라, 한글(복선 1,400자, 단선 1,700자)을 그래픽으로 만들어서 사용했다. 아리스 3rd party까지 개발해 도면 작성을 더 쉽게 했으며, 3rd party를 판매할 정도로 당시 CAD 시스템 운용은 타의 추종을 불허했다. 정림이 처음에 도입한 아리스 캐드는 미국 카네기멜런대에서 사용하던 것이었다. 그런데 설계사무소 CAD 시스템 보급이 늘어날 무렵 협력업체 대부분이 오토캐드(AutoCAD)를 사용하게 되면서 정림도 소프트웨어를 바꿔야 했다.

영문 브로슈어와 영문 이름

영문 브로슈어를 언제부터 만들었나?

1970년 한양화학 사택단지를 수주할 때 처음 영문 브로슈어를 만들었다. 그때는 회사 소개 책자를 청사진으로 만들고, 사진을 인화하여 첨부했다. 외국 자본 지원을 받는 프로젝트를 수주하기 위해서는 영문 브로슈어가 필요했다. 당시에 전쟁 피해국에 사과의 뜻으로 개발도상국의 교육시설과 의료시설 건립을 지원하기 위한 EZE 기금이 조성되었고 우리나라도 지원 대상국이었다. 남해화학 제7비료공장(1974), 영락고등학교(1979), 고려대 구로병원(1980), 고려대 안산병원(1981)의 설계 수주에도 영문 브로슈어가 쓰였다. 건물이 대형화되면서 외국 설계사무소와의 협업이 활발해졌고, 그럴수록 영문 브로슈어는 설계사무소의 필수 항목이 되었다.

정림건축의 영문 이름이 Junglim Architects & Engineers에서 Junglim Architecture로 바뀐 특별한 이유가 있었나?

정림의 영문 명칭 변경은 1992년 구성된 경영혁신 TFT팀의 통합 이미지 작업의 일환이었다. 배지는 세계적 추세였던 워드마크로 만들었다. 미국에서는 회사 성격에 따라서 Architect, A&E, E&A, Engineers 구분하여 매년 수주 실적을 발표했는데, 순수 엔지니어링 회사가 수주액이 가장 높고 디자인 성향이 강한 회사의 매출이 가장 낮게 나타났다. 처음에 정림이 사용한 영문 명칭 A&E는 디자인이 엔지니어링보다는 비중이 큰 회사라는 의미였던 것으로 생각된다. 정확한 기억은 아니다.

종합기술정보실은 언제 만들었나?

1993년 후반에 신설되었다. 종합기술정보실 안에 기술정보실, 견적부, CAD실이 있었다. 기술정보실은 디테일 및 매뉴얼을 관리, 업데이트하고, 기술자료를 만들어서 설계실에 공급하고, 시방서를 작성하는 업무를 했다. 견적부는 계획, 기본, 실시설계 과정에서 단계별로 예산을 점검하여 최초에 예상했던 공사비에 근접시키는 역할을 했다. 캐드실은 정책적으로 결정된 중요 프로젝트의 실시설계도면을 작성했다.
1995년에 기술정보실은 설계에 도움이 되는 각종 자재에 대한 기술정보와 가격, 설비시스템별 장단점, 코어 모음 등의 자료를 통합해 두툼한 종합기술정보철을 만들어 설계실마다 지급했다. 설계 단위마다 중복된 연구나 조사를 하지 않도록 기술적으로 지원했다. 작업 효율을 높이고 예산을 초과해가며 설계를 변경해야 하는 일을 사전에 방지했고, 시방서 전문가(spec. writer)가 설계 의도를 정확하게 현장에 전달할 시방서를 작성했다.

김정철과 정림건축

건축가 김정철과 정림건축에 대한 선생의 소회를 들려달라.

1985년 한양대학교 건축공학과에 출강할 때, 3학년 학생 30여 명에게 김수근과 김정철이라는 이름을 아는지 물어봤다. 대부분 학생이 김수근 선생은 알고 있었지만, 김정철 회장은 잘 몰랐다. 반면, 공간보다는 정림건축을 더 잘 알고 있었다. 이는 항상 개인의 명예보다 조직을 먼저 생각한 김정철 회장의 뜻이었고, 당연한 결과라 생각했다.
정림건축은 적절한 시기에 경영진을 세대 교체하고, 경영과 소유를 분리했다. 한국 현실에서는 하기 힘든 결단이었는데, 후배 건축가들에 대한 믿음이 있었기에 가능했다고 본다. 김정철 개인의 아틀리에를 거부하고, 정림건축이라는 조직 만들기에 주력한 결과가 오늘의 정림건축을 만들었다고 믿는다.

정림과 조직 설계

인터뷰: 김창일

일시	2016년 8월 12일
장소	정림건축 1층 로비
인터뷰어	박정현

김창일은 연세대학교 건설공학과에서 건축을 전공하고 ROTC 1기 공병 장교로 군 복무 시에도 건축 실무를 익혔다. 한국은행을 거쳐 1967년부터 정림건축에서 48년간 재직하며 사장을 역임했다.

외환은행 현상설계에 관해서

외환은행 현상설계에 참여할 무렵 정림건축의 상황은 어땠는가?

삼옥빌딩에서 현상설계를 했는데, 대지가 을지로 내무부 자리였고, 정면에 있는 건물은 허물고 뒤의 3층짜리 건물은 남아 있었다. 그 건물을 사용해도 된다고 해서 사무실을 그 건물로 옮겼다. 당시 직원이 40명이 조금 넘었던 것 같다.

당시 설계사무소 치고 적은 인원은 아니었던 것 같다.

당시에는 설계 외에 감리 담당도 따로 있었고, 구조부는 따로 있지 않았지만, 서울대학교를 나오신 이은철 선생이 구조 계산을 전담했었다. 기계, 전기 담당도 있었다.

이미 그때 인원 구성이 되어 있었던 것인가?

회사 설립 때부터 건축가 개인을 내세우지 않고 사무소를 내세웠고, 그 안에서 건축가들의 조직을 만들자고 했다. 당시 나상진, 김수근, 김중업 선생 등은 개인이 사무실을 하는 것이나 마찬가지였다. 종합건축연구소도 김정수 교수 때나 구조사 배기영 선생 때도 다 개인플레이를 했다. 그러다 보니 지속되지 않고 당대에 끝났다. 돌아가신 김정철 회장은 한국은행에서 일했는데, 거기서 많은 부분을 서포트해줘야 해서 정림으로 들어오지 않았다. 그 후 외환은행으로 자리를 옮겼는데, 그래서 외환은행 현상설계에 당선이 되고 나서 논란이 많았다.

(김창일 선생님은) 처음부터 정림에 있었나?

본래는 김정철 회장과 한국은행에 같이 있었다. 계속 은행에 있었으면 편했을지 모르지만, 나하고 잘 맞지 않는 것 같아서 사무실을 낼 생각을 했었다. 정림건축연구소가 설립된 1967년 6월부터는 아니고, 그해 여름 을지로 사무실에서부터 함께 일했다. 회사 초기나 마찬가지였다. 당시 (설비 협력업체 중에는) 문유현 씨가 하는 전기설계사무소와 유동렬 씨가 하는 삼신설비연구소가 한국에서 제일 규모가 컸다. 최상홍 선생이 하는 한일기술연구소는 유동렬 선생 사무실보다 규모가 조금 작았다. 한일의 최상홍 선생이 김정식 회장과 동기여서 같이 작업을 하기도 했지만 삼신설비와 문유현전기설계사무소와 주로 일했다. 그런데 초기 설계 단계에서 (긴밀하게) 협력해야 하는데, 잘 안 됐다. 그래서 나중에 전담팀을 만들었다. 정림은 새 직원이 오면 보통 주택설계와 감리를 같이 맡겼다. 경험해보아야 건축설계를 좀 더 잘 알게 되니까. 그러고 나면 확실히 달라졌다. 역량을 키워가며 오랫동안 같이 일하고자 했던 창립 초기의 생각은 지금 되돌아봐도 옳았던 것 같다. 직원들이 최소 10년은 일할 수 있어야 한다는 생각으로 사무소를 운영해 온 덕분에 지금까지도 버텨온 게 아닌가 한다.
정림이 의료보험과 산재보험을 처음 도입했고, 상여금, 연월차 수당, 퇴직금도 처음으로 주었을 것이다. 나중에는 학자금까지 줬다. 직원에게 해줄 수 있는 거의 모든 것들을 했다. 우리사주 제도도 국내에서 처음으로 도입했다. 직원에게 주식과 그에 따른 배당금을 매년 주고, 퇴사 때 주식을 반납하면 현금을 내줬다. 그냥 일반 직원이 아닌 같은 식구고, 처음부터 모두의 사무소라는 가족 같은 분위기를 만들고자 했다. 나와 권도웅 씨는 5% 이상 주식을 별도로 조금씩 가지고 있었는데, 우리사주 주식이 아니라 개인 지분이었다. 주주였던 셈이다. 그런데 우리사주를 하기 위해서 회사에 기부했다. 이 제도는 일본의 니켄세케이를 따라 시행한 것이다.
회사 규모가 커지면서 학자금, 퇴직금, 휴가 제도가 옛날보다 야박해지긴 했다. 그래도 우리사주 제도는, IMF 때문에 잠시 중단한 적은 있지만, 지금까지 잘 이어오고 있다. 그러다 보니 직원들이 다른 사무소보다 오래 근무했던 것 같고, 김진구, 임진우 대표도 입사 후 지금까지 일해서 그 자리에 온 게 아닌가 한다.

플라자호텔, 정림의 첫 고층 빌딩

소공동에 있는 플라자호텔을 정림이 한 것으로 알고 있다.

일본 다이세이건설에서 설계했는데, 정림이 한국 파트너였다. 그때 오민수라는 친구가 맡았다.

그 건물이 정림에서 처음으로 한 고층 빌딩인가?

그렇다.

그때 경험했던 일본의 노하우가 나중에 도움이 됐나?

그 후 11층짜리 제분회관을 설계했다. 당시만 해도 낮은 건물이 아니었다. 지하 주차장에 소화 설비를 하면서 스프링클러 헤드를 설치했는데, 그때까지 국내에 사례가 없다 보니 일본 사례를 그대로 들여올 수밖에 없었다. 서울시경 소방과에서도 처음 접하는 것이라 같이 공부하면서 작업했다. 한국은 1960년대 말부터 1970년대 초까지만 해도 건축에 대한 각종 법규, 소방법, 전기에 대한 기준이 선진국에 비해 미약했다.

그래서 그 시절이 더 흥미로운 것 같다. 아는 것도 없고, 주변에 참고할 건물도 없어서 모든 것을 처음 할 때의 막막함이 있었을 것이다.

배워가며 했다.

외환은행 설계, 선진 공법을 배운 프로젝트

외환은행 본점 현상설계가 1973년인데 그때 선생님도 30대였고, 김정철 회장도 40대여서 한창때였다.

철골 프레임으로 설계할 때 관건은 입면을 어떻게 처리하는가 아닌가. 그게 외장의 핵심 이슈인 것 같다. 문자 그대로의 커튼월 건물은 거의 없었던 시절이다.
커튼월은 기둥을 안쪽으로 넣어서 외벽을 자유롭게 하는 방법이 있고, 기둥을 외벽 바깥 면에 붙여서 유리창을 끼워 넣는 방식이 있다. 한국의 70-80년대 건물을 보면, 어떤 이유에서인지 기둥이 벽에서 떨어져서 외벽이 완벽하게 자유로운 커튼월은 거의 없었다.
1966년에 정부종합청사 현상설계에서 나상진이 그런 방식으로 설계했는데, 논란 끝에 결국 기둥이 바깥으로 붙어 튀어나오게 되었다.
짐작으로는 업무 효율성 측면에서 아무래도 내부 공간 안에 기둥이 있는 것보다는 없는 편이 조금 더 나았을 것 같다. 그리고 기둥을 안에 두고 바깥에 커튼월을 설치하려면 관련 산업 생산물이 따라줘야 한다. 예를 들어, 스팬드럴, 알루미늄 멀리언, 철물, 충분한 크기의 복층유리가 원활히 공급되어야 하는데, 1970년대 초반에는 그게 가능하지 않았을 거란 생각이 든다. 산업이 받쳐주지 않으면 건축가의 운신의 폭이 좁아질 수밖에 없지 않나 싶다.

외환은행의 경우 기술적인 면이 궁금한데, 철근콘크리트 건물이었나?

철골조 건물이다.

철골은 수입한 것인가?

철골은 일본에서 수입했다. 바닥 슬래브는 공장에서 제작한 PC(precast concrete)다.

철골조 위에 건식으로 공사한 건가?

그렇다. 외벽도 PC로 만들어서 건식으로 공사했다.

국내에서 그렇게 한 경우가 이전에는 없지 않았나?

(설계) 당시에는 없었다. 한국은행 전주 지점의 외벽이 PC였는데, PC를 현장에서 제작했다. 몇 번 실패하기는 했지만, 철제 형틀을 만들어 외형을 PC로 만드는 경험을 했다. 이후에 삼양사(1978년 설계) 건물도 PC로 작업을 했다. 바닥 PC는 하와이에 가서 보고 터득했다. 하와이는 미국 본토와 멀리 떨어져 있어서 철골을 배에 실어 운반하기 어렵다 보니 조적조와 철근콘크리트조가 발전했다.

슬래브 안에 구멍이 세 개 있는 건가?

그렇다. 그 구멍을 통해 익스텐션으로 당겨서 슬래브를 만들었다.

『현대건설 60년사』를 보니 중요한 건물로 소개되어 있었다.

현대건설에 이원도 부장이라고 있었는데 그분과 건축주, 설계자, 시공자가 함께 일본에 가서 외벽 사례를 봤다. 타일을 PC 위에 붙인 것이다. PC를 만들 때부터 타일을 붙여 접착력이 좋았다. 외벽은 건식 볼트로 작업했다. 항상 선진 공법을 좇아가려고 애썼다.

외환은행이라 비교적 자유로웠던 것인가?

자유롭게 할 수 있게 도움을 받았다. 건물의 질을 높이기 위해 애를 많이 썼던 건물이다. 지하의 선큰 가든도 거의 처음 도입했다.

유리는 어떤 것을 사용했나?

일본 아사히글라스의 데이터를 갖고 직접 계산했다. 풍압도 계산했다.

외환은행도 그렇고, 1970년대에 지어진 몇 개 고층 빌딩이 국내에서 표준 모델처럼 받아들여져서 다른 설계사무소들에 의해 반복되었던 것 같다. 특히 모서리 부분에서 그 흔적이 많이 보인다.

철골 구조에 외장재로 돌을 붙였는데, 의장적 효과 때문에 선택한 것으로 보인다. 미국의 오피스 빌딩의 발전을 보면 철골 건물 전체를 유리로 덮는 커튼월이 나오기 시작하는데, 국내에서는 건물의 모서리 부분을 화강석으로 견고하게 쌓아 올리는 형태가 한동안 계속되었다. 이런 방식은 구조적인 필요성과는 관계가 없는 것 같은데, 왜 그런 형태를 선호했을까 하는 막연한 궁금증이 생겼다. 조금 다르긴 하지만, 상공회의소도, 사학연금회관도 그렇다. 그렇게 모서리를 처리하는 디자인이 많이 있었던 것은 사실이다. 코너 기둥을 적절하게 감싸는 기술도 부족했고, 유리 커튼월에 필요한 유리 보급도 쉽지 않았다. 자재가 특히 더 문제가 됐을 것이다.

한국은행 현상설계

1975년 한국은행 현상설계 안에 같은 개념으로 커튼월 단면 상세도가 한 장 들어가 있다.

그 건물도 철골로 설계했다. 데크플레이트를 깔고 거기에 콘크리트 슬래브를 쳤다.

외환은행에서 사용했던 개념을 많이 활용한 건가?

그건 아니다.

다른 건물에도 타일을 PC에 붙인 경우가 있나?

삼양사 건물이 그렇다. 그 후에도 몇 군데 사용했다. 처음에는 타일을 일일이 손으로 붙였었는데, 점차 공장 생산 식으로 바뀌었다. 공장에서 부착하는 타일을 정림에서 처음 시도했다. 줄눈 사이의 깊이에 따른 부착력까지 공장에서 계산했다.

타일 부착 PC는 현대건설에서 만들었나?

아니다. 우림콘크리트에서 나온 것이다. 당시에 한국은 워낙 기술이 없었다. 그 시절에 현상설계가 참 많았는데, 막바지에 급하면 삼신설비연구소나 문유현전기설계사무소 같은 협력업체에서 전기나 기계 설비에 대한 설명서를 먼저 보내달라고 해서 그대로 따라 적곤 했다.

조직 설계

권도웅 선생이 쓴 책에서 미국 서부에 있던 설계사무소 웰턴 베켓의 조직을 본격적으로 검토하기 시작했다는 내용을 봤다.

로스앤젤레스에 있는 회사였는데, 이후 미네소타에 있는 다른 회사에 인수돼서 병원 건축을 많이 했다. 그 책이 언제 쓰인 건가?

2001년에 출간됐는데, 글을 언제 쓴 건지는 정확하지 않다. 아마 1990년대 말이나 2000년 정도에 쓰지 않았을까 짐작한다.

웰턴 베켓이 조직 설계를 하고 있었다. 국내에는 그런 조직이 없었기 때문에 일본 니켄세케이나 웰턴 베켓 같은 회사를 보고 참고했다.

웰턴 베켓을 알게 된 경로가 김균 선생이었나?

김균 교수가 충북대학교에 교환교수로 왔다. 당시에 정림에 합류했는데, 자세한 것은 기억나지 않는다.

한국 현대 건축계의 기록이 거의 남아 있지 않다. 대부분 파편처럼 남아 있다. 선생님 말씀을 듣고, 또 자료를 보며 끼워 맞춰야 할 것 같다. 가물가물한 기억 속에서도 오늘 읊어주신 여러 가지 내용을 정보 검색을 통해 한 번 더 짜 맞춰보면 도움이 될 것 같다.

옛날에는 그림만 그리면 됐다. 투시도를 예쁘게 그리는 것이 설계인 줄 알았다. 기계, 전기, 구조, 자재 등 모든 것이 종합적으로 이루어져야 하는 일인데, 디자인이라고 하면 스케치만 해서 넘기면 끝나는 줄 알았다. 그런데 그게 아니었다. 정림에서 설계사무소로는 최초로 컴퓨터를 사용했다. 카이스트에 있는 PC를 도입했다. 캐드도 처음 사용했다. 정림에서는 오토캐드가 아니라 아리스(ARRIS) 소프트웨어를 도입했는데, 조금 안 맞아서 실패했다. 캐드 공부를 위해서 직원들이 외국에 출장을 가기도 했다.

지금 직원은 몇 명인가?

600명 정도 된다. 그런데 점점 더 어려워지는 것 같다. 설계비도 오히려 옛날보다 후하지 않다. 외환은행 프로젝트를 할 당시 설계 변경을 했는데, 설계 변경 시 비용을 20% 더 주는 것으로 되어 있었다. 그런데 설계비 산출 근거로 실제 들어가는 비용을 계산하면 별로 돈이 되지 않았다. 정림건축이 상주 감리 항목을 처음 만들었다고 해도 과언이 아니다. 당시에는 감리비 산출에 상주 감리라는 항목이 없었다. 이전에는 그런 항목이 없다 보니 투입하는 인력에 대한 실비 정산 식으로 돈을 받았다. 감리비는 설계비의 20%, 별도로 할 때는 30%였다.
외환은행 현상설계를 하고 난 후 현상설계를 꽤 많이 했다. 수출입은행, 삼양사, 한국은행, 강원랜드, 대구은행, 부산은행 등. 조직 설계의 장점이 여기서 드러난다. 일반 개인 설계사무소는 설계를 하나 하면 인원이 없어서 다른 프로젝트가 들어오면 그 일을 돕지 못한다. 정림은 조직 설계 팀 구성을 설계 1팀, 2팀, 3팀으로 나눠서 운영했다. 나중에 AS를 해주기도 쉬웠다. 구조도 직접 하니까 편하고, 건축주도 만족스러워했다. 정림에 맡기면 틀림없고, 사후 관리도 좋았으니까. 지금까지도 계속 거래하고 있는 곳도 있다.
대전간호전문대를 인수한 대전 혜천대학교 일을 정림이 맡게 돼서 내려갔는데, 설계 과정을 단계별로 설명하고, 설계도면을 납품하니 놀라면서 좋아했다. 아무래도 지방 설계사무소는 설계가 미약했고, 견적서도 제대로 챙겨주지 않고, 추후에 도와주지도 않았던 것 같다. 설계를 주먹구구식으로 해서는 안 되는 것인데 말이다. 정림은 내부에서 일을 다 소화 못 해서 외주를 주더라도 외주 결과물들을 다 확인했기 때문에 그런 것을 위한 시스템을 초기에 갖췄다.

그래서 조직이라는 말이 딱 적합한 것 같다.

정림이 정식으로 전기, 기계, 구조 등의 전문 분야를 운영한 최초의 건축사무소 가운데 하나일 것이다.

건축기사 등 기사 몇 명을 두고 운영하던 종합설계사무소 제도와는 무관한 건가?

그렇다. 그것과는 관계가 없다. 처음에 나와 권도웅 씨는 건축사 면허의 필요성을 느끼지 못해서 중요하게 생각하지 않았다. 그런데 법이 바뀌고, 규모가 큰 종합설계사무소가 되려면 건축사 3명이 있어야 했다. 그때 건축사 면허가 있는 사람이 두 명뿐이어서, 건축사 시험을 봤다.

한 번에 붙으셨나?

그렇다. 우리가 시험보던 해에 정림에서 8명이 합격했다. 전국에서 몇 명 안 뽑던 시절이었다. 그래서 시험 때가 되면 전국 지방관청에서 정림건축에 노하우를 얻으러 왔고, 회사에서 많이 협력해줬다. 그 덕으로 지방에서 인허가 등 대관업무 협의 시 도움이 많이 되었다.

파트너십

선생님과 김정철, 김정식, 권도웅 이렇게 네 분은 어떤 관계였을까.

다른 나라에서도 시대를 지나 계속 살아남는 설계사무소가 그리 많지 않다. 르코르뷔지에와 미스 반데어로에도 그렇지 못했고, 살아남은 사무소 중 가장 대표적인 곳이 SOM인 것 같다. SOM은 파트너십 안에 변호사가 파트너로 있다고 한다. 그가 파트너들 사이의 크레딧 같은 것을 관리하는 역할을 하는데, 그것을 매우 중요하게 생각했던 것 같다. 한국에서는 이러한 것들이 어떻게 정리되고, 운영되고 있는지 모르겠다. 정림건축과 비슷한 시기에 큰 일을 많이 했던 회사가 원도시건축이었다. 윤승중 선생의 그 당시 글을 보면 원도시건축에서도 조직 설계라는 말을 쓰지 않았다. 큰 프로젝트를 해야 하기 때문에 파트너 제도로 운영한다고 적혀 있다.
그냥 형제처럼 지낸다는 생각을 했었다. 나나 권도웅 씨가 꼭 밥벌이를 해야겠다고 생각했다면 아마 정림에 계속 있지 않았을 것이다. 진작 뛰쳐나가서 돈을 벌었을 거다. 파트너라고 생각해도 되고, 직원이라고 생각해도 된다. 서로 터놓고, 하나도 숨김없이 이야기할 수 있는 관계였음은 분명하다.

정림 20년

김창일
권도웅

20년이란 역사를 가지게 되었다는 것 만으로는 큰 의미를 가질 수는 없다. 기간이란 것은 상대적인 것이기 때문에 외국의 100년 가까이 된 설계 사무소에 비하면 미천할 수 밖에 없고 지금 막 시작했거나 시작한지 얼마되지 않은 설계 사무소에 비하면 긴 세월일 수 밖에 없는 것이다.

지난 20년을 어떻게 보내왔고 어떻게 성장해 왔는가를 돌이켜 보며 정림의 장래를 예측해 보는 것이 더 의미있는 일일것 같다.

조직의 성장 과정에서는 기복이 있게 마련이다. 사회적인 원인이든 조직 자체내의 문제이든 일시적인 후퇴와 발전의 반복속에서 변화의 폭이 클 때 궁극적으로 조직의 발전을 이룩한다는 사실을 알고 있지만 후퇴없이 착실한 발전만을 계속하는 예외가 있을 수 있고, 정림이 그 예외에 속할 수 있었던 점에 깊은 감사를 느끼게 된다.

국내외를 막론하고 대형 설계 사무실이 재벌기업과의 연관 또는 재정지원하에 성장해온 사례가 적지 않으나 현상설계를 통한 Client와의 만남과 건축에 대한 정열과 노력만으로 Client의 영역을 넓혀온 지난 20년이기에 우리는 남다른 보람을 느끼게 된다.

자력 성장 뒤에는 250여명에 이르는 정림인이었든 분들과 135명의 정림가족들의 헌신적인 노력이 있었음을 잊을 수 없다.

우리의 건축에 대한 자세를 이해하고 성원해 주신 Client와 120만평에 달하는 우리가 만들어낸 환경을 이용하는 이용자들의 긍정적인 충고도 오늘의 정림을 있게한 은인들로 생각된다.

1967년 6월 17일. 을지로 입구 現두산빌딩 자리의 24평 남

Twenty Years of Jung Lim

Kim Changil
Kwon Doung

Twenty year history by itself is not always meaningful. Since time is a relative measure, Jung Lim's history is humbly short compared to that of several foreign firms having about a hundred year history but it is long compared to that of just beginning firms. It must be fair to predict the future of Jung Lim after retrospecting how it behaved and how it grew up. We know that many architectural firms have experienced temporary retreat during their progress whatever the cause was. It is grateful that Jung Lim, as an exception, has continuously progressed without any hindering or recess.

For twenty years, Jung Lim has expanded step by step without a retreat. Particularly, Jung Lim takes pride in the fact that its expansion was resulted from the passion to architecture and the endeavors of its members, not from the help of special patroms like other architectural firms in Korea and overseas. Jung Lim became one of the largest architectural firms by winning a competition after another. More than two hundred and fifty persons left Jung Lim after their stay for twenty years and at present one hundred and thirty-five persons work together in Jung Lim. Jung Lim is proud of having created about four million square meters of area which are used as delightful enviroment by various classes of people.

In June 17, 1967, a small party was held at the eighty square meter office of a one-story building on Eulgiro, where now Dusan Building stands. It was the party to celebrate the foundation of Jung Lim. Thirty guests and seven staffs participated in the party. In the office scattered drawing boards, T squares, triangles, scales and dozens of reference books. It was one year after Korean architects began to receive the licenses and to be registered, and then the social recogni-

정림건축 20주년을 맞아 1987년 출판한 『정림건축 1967–1987』(산업도서출판공사, 1987) 18-21쪽

짓한 단층 사무실에서 30여명의 하객과 7명의 직원으로 조촐한 개업행사가 있었다. 무엇하나 변변한 것이 없이 제도판과 T자, 삼각자, 스케일, 몇 권의 참고서적이 전부인 사무실에서의 행사가 건축가 김정철, 김정식이 정림을 태동 시키는 순간이었다. 건축사 면허제도가 생긴지 1년 남짓 지난 시기였고 설계에 대한 사회적 인식이나 수요가 변변치 못한 때였다.

현대사회의 요구에 부응하면서 미래 지향적인 창작활동을 통하여 영구적인 국가 발전과 환경개선에 공헌 함을 목적으로 한다.

조직적이고 종합적인 창작활동을 통하여 기술혁신과 완벽한 Total Design을 수행한다.

부단의 기술개발과 축적을 도모하여 기술수준을 국제화하고 나아가 국위선양 및 외화의 절약획득을 목적으로한다.

김정철, 김정식의 설립취지는 언제인가 이루어야할 정림의 미래상일 뿐 현실은 어려움의 연속이었다. 난로에 연탄을 바꾸어 넣으며 밤늦도록 건축에 대한 정열을 불태우던 을지로 입구 시절은 도약을 위한 발판의 구축기인 유년기라고 할 수 있으며 3년간 계속된다.

이 기간에 서울여대, 대광고교의 교사와 강당, 그리고 인천 제일교회, 대성목재 월미 합판공장이 완성된다.

그때까지 은행에 근무하던 김정철과 화학공장 프랜트건설에 참여했던 김정식의 인연과 경험으로 은행지점과 공장 몇개를 수임하게되었고 울산석유 화학 공단의 배후 시설로서의 한양화학 Housing Complex를 수주하는 행운을 얻음으로서 을지로 시대에서 북창동의 삼옥빌딩으로의 이전계기를 마련하게 된다.

1970년 2월 북창동으로의 사무실 이전후 4년간은 정림의 소년기로써 성장속도가 가속되는 기간이 된다. 사무실의 환경이 좋아졌다는 것 보다는 이상과 꿈을 가진 젊은이들이 더 많이 모였고 그만큼 활기를 갖게 된다.

젊음과 꿈은 항상 토론과 대립을 수반하지만 그런가운데 해답을 찾아내는 지혜를 터득하게 된다.

두 건축가의 영향을 받지만 개인의 능력과 개성 및 아이디어를 존중하는 풍토가 조성되며 개인주의 보다는 가족적인 분위기의 전통이 확립된다.

18,000평 대지위에 세워지는 단독주택, Row House Recreation Hall 등 24개동에 달하는 Housing Project는 Master plan에서 설계, 감리까지를 수행해야하는 최초의Project가 된다.

여러개의 건물을 동시에 수행해야 하는 어려움이 있지만 각기 다른 건물의 전체적인 조화를 이루는 노력이 경주된다. 이 기간 직원은 20여명으로 늘어났고 산학협동의 적극적인 생각에서 66년부터 서울대학교의 강의를 맡아왔던 김정식은 8년간의 강의를 중단하고 사무실에서의 창작활동에 전념하게 된다.

한국은행, 신탁은행의 지점들을 비롯해 예일여고, 한국강관 공장과 교회들을 설계하게 되지만 정림의 또 한차례 도약의 계기는 외환은행 본점 현상 설계 당선으로 이루어진다.

국내의 유수한 건축가 12人에 의뢰된 현상은 3개월에 걸쳐 진행되었고 거액의 제작비를 현상금으로 지불한 국내 최초의 현상설계였다.

지상35층, 연면적 24,700평에 달하는 계획안은 건축법 개정 및 대지 추가 매입으로 실현되지 못한채 재계획되어 지어 졌지

tion to architectural design as well as its demand were rare.

Architects Kim Jungchul and Kim Jungsik, co-founders and brothers, aimed to contribute to the permanent development of the country and the improvement of environment through their creative activities which met the demand of the modern society; they undertook roles to innovate the technology and to execute perfect total designs through the organized creative activities; they endeavored to enhance national prestige by the improvement of technology to an international level. Those aims, although it might be ideal, could not be accomplished and still remain to be. In reality, it was hard times. For three years after it was founded, projects such as Seoul Women's College, Tae Kwang High School, Inchon First Presbyterian Church Taesung Lumber Plant in Wolmido Isle were designed in the Eulgiro office.

When large projects such as the Housing Complex of Hanyang Chemical in Ulsan were undertaken, Jung Lim moved its office to Samok Building at the south of the City Hall of Seoul in February 1970. The working atmosphere was improved and the number of staffs was increased to twenty, as the housing project proceeded. The project was to build twenty-four buildings of detached houses, row houses, a recreation hall. and others on the sixty thousand square meter site. Other projects like Yale Girls' High School, Hanguk Steelpipe Plant, bank branches and churches followed.

Jung Lim's great leap was possible since it won in the design competition for the Korean Exchange Bank Headquarters. Jung Lim was selected among twelve designated architectural firms in Korea by the bank. For the project, Jung Lim moved again its office in November 1973 to the location where the bank's head office would be built several years later. The project, the largest building ever designed by a Korean architectural firm to date, took two years and proceeded with the cooperations of specialists in structure, mechanics, electricity, disaster prevention, landscape, and environmental arts. Tower, podium and sunken garden, the unique language of Jung Lim, appeared in the building for the first time.

At the same time, Jung Lim were interested in reorganizing a large architectural firms with the staff of forty-five. *Total Design*, a book on Becket International, was widely discussed in Jung Lim and greatly influenced to its reorganization. The organization and the design processes of Becket were studied for adoption. When Jung Lim worked with Fluor Corporation, an American plant engineering company constructed the warehouse of the Seventh Fertilizer, it learned many things such as drawing manual, standardized details and other forms from Fluor.

It was not until the construction of the bank's headquarters building started that Jung Lim had to vacate its office, and prepared to build its own building on Ihwa-dong. It moved its office to the new building in December 1975, eight years after its foundation. Some of its members recall the event as a triumph. After the move, Jung Lim was reorganized to have several departments like electric equipment, mechanical equipment, estimation and supervision added to the existing ones. It now has departments such as planning, CAD, interior design, landscape, foreign operations, structure and general affairs, excluding the four above-mentioned departments as well as five design departments. The organization followed the examples of

만 의욕적인 작품이었고 당선소식을 접할 때의 환희와 흥분은 지금도 잊을 수가 없다.

외환은행 본점 설계는 1973년 11월 현 외은 본점 위치(구 내무부건물)로 사무실을 이전한 후 2년간 계속된다. 조흥은행, 상업은행 본점에 뒤이은 본격적인 은행본점 신축으로서는 첫 번째이며 국내 설계사무소에서 수행한 경험이 없는 대형고층 건물이라는 점에 대해 사회 일각에서 다소 불안을 느끼지 않았던 바는 아니나 이러한 우려를 말끔히 씻어 주게 된다. 구조, 기계, 전기, 방재, 조경, 환경조형 분야의 전문가들과 협동설계를 진행하며 해외정보를 수집하고 그것을 우리의 것으로 만드는 노력이 병행된다.

돌다리도 두드려보고 건너는 심정으로 설계를 진행했고 이때 Tower+Podium과 Sunken Garden이라는 정림의 건축 어휘를 탄생시킨다.

한국산업은행본점, 현상설계당선, 한국은행 본점 현상설계 1등 당선, 신탁은행 본점 현상설계 당선 등 현상설계에 참여하여 좋은 성과를 거두는 등 사 내외적으로 활발한 건축활동이 계속된다. 직원도 45명으로 늘어 났고 설계사무소 조직에 대한 관심을 갖게 된다.

Total Design을 참고하고 Becket의 조직, Design Process 등을 우리의 것으로 만드는 노력이 시도되고 Project별 투입인원통계를 위한 개인별 Time Sheet가 최초로 사용된 것도 이때 이다. 설계실을 4개 부서로 구성하고 부서의 책임자가 있는 조직형태를 갖추게 된다.

주판과 계산척을 이용하던 각종 계산업무가 전자계산기로 대체 된 시기는 이때이다.

Plant Engineering 용역 전문업체인 미국의 FLUOR Corporation이 정부로 부터 수임한, 제7비료공장 건설용역중 Ware House(56,000㎡)의 설계를 수주 하므로써 FLUOR에서 파견된 미국인 건축가와 함께 일하며 그들의 Drawing Manual, 표준상세, 각종 서류양식을 접하게 되면서 그 필요성과 가치를 실감하게 되고 해외진출 및 교류의 가능성과 어느정도의 자신감을 갖게된다.

외환은행 본점 착공에 따라 사무실 이전이 수반되어야 하므로 착공과 같은 시점에 자사빌딩의 준공을 목표로 계획을 추진하여 정림 창립 8년만에 이화동에 아담한 보금자리를 마련하게 된다.

1975년 12월. 한해가 저무는 마지막달의 이화동 Office로의 이전은 외은본점현상 당선 만큼이나 감격스런 일로 기억되며 그것은 전세집을 전전 하다 조그만 자기집을 소유하게 되었을때의 기쁨과 같은 것이었다. 그동안 수행한 많은양의 설계도, 각종서류, 제도판과 참고서적을 이사 할적마다 옮겨야만 하는 번거로움과 야근시의 불편함이 없어진다는것 보다는 이곳에서 뿌리를 내릴수 있다는 정신적인 안정감으로 즐겁게 한해를 보내게 된다.

을지로입구, 북창동, 외은본점자리(구내무부)를 거치는 동안 조직은 구성원들과 함께 성장하게 된다.

외은본점 설계를 진행하면서 외부의 협동 설계자들과의 협의에 어려움을 느끼게 되고 각 분야의 전문가들이 하나의 조직내에서 함께 일할때 더 좋은 결과가 나타날수 있다는 판단

정림건축사옥

Becket, S.O.M., and Ellerbe in America and Nikken Sekkei in Japan with a modification to Korean situations.

Twelve years have passed since Jung Lim moved to Ihwa-dong. For that time, it continued to flourish and prosper, and, in 1982 established Al Nassar Consulting, its subsidiary in Saudi Arabia after it had executed several projects in that country, for examples, Braidah Housing and Saudi Steel Pipe Plant. Even in the local projects like International Broadcasting Center and Korea Exhibition Center competitions, Jung Lim's architects began to work with foreigners shoulder to shoulder. Other projects followed were Export Import Bank of Korea Headquarters, Ewha Woman's University Library, Dankuk University Library, Korea University Guro Hospital, Korea Exhibition Center, SITRA '82 and so on. The CAD system, introduced in 1985, has just begun to be used in the design processes and is expected to save time, labor, and capital.

Jung Lim now celebrates its twenty year anniversary since it was founded in 1967. Its progress has been remarkable in many aspects. Among them there are two aspects we are undoubtedly proud of; one is that Jung Lim becomes a leader in architectural community; the other is that many junior architects who joined this firm have grown up to be veteran architects. These results from the fact that two leaders of Jung Lim—Kim Jungchull and Kim Jungsik—have sacrificed themselves for the group. As they maintain admirable partnership with young architects of the firm, Jung Lim will perpetually progress to next generations. Once Mr. Kim felt a strong responsibility instead of a joy when he received a Copper Order from Republic of Korea. In this manner, Jung Lim will not be satisfied with current

을 하게되어 (이화동 으로의 이전 다음해) 전기설비부, 기계설비부, 견적부, 감리부를 신설하게된다.

건축설계분야를 그동안 계획부와 설계부로 나누어서 운영하는등 몇차례의 개편을 통해 현재는 설계 5개실, 기획실, CAD실, 실내장식, 조경, 해외 사업부, 견적, 감리, 구조 전기설비, 기계설비, 총무부로 구성된 본격적인 조직으로 성장하게 되었다. 설계 집단이 조직화, 대형화 되면 작품의 경직성, 조직의 관료화를 우려 하게 되지만 조직은 형태 보다는 운영방법에 좌우 된다는 확신 하에 젊은 건축가들의 끊임없는 아이디어제시와 하향식이 아닌 상향식 의사전달 방식을 채택 하므로서 조직의 활성화를 기하였다.

정림조직의 골격은 이화동에서 정착단계에 접어 들었고 조직의 활성화 방안은 계속 연구대상이 되고 있다. 일본의 Nikken Sekkei, 미국의 S.O.M, Becket, Ellerbe 등의 대형설계조직의 성장과정을 연구하고 우리사회 풍토에 맞는 조직의 해답을 추구하게 된다.

이화동에서의 12년간은 20년전 김정철, 김정식의 정림 설립 취지가 한가지씩 현실로 나타나게 되는 기간이된다.

Saudi Arabia의 Braidah Housing, Saudi Steel Pipe 공장 설계를 시작으로 1982년 Saudi 현지 법인인 Al Nassar Consulting을 설립하여 운영 하게 된다.

외국과의 교류는 활발히 진행되고, 국제방송센터현상, 한국종합 무역센타현상 등 외국의 건축가 들과 정림의 건축가들이 함께 작업을 하게된다. 협동작업을 하는동안 그들의 생각과 방법은 빠짐없이 남겨두고 그것은 다른 Project를 위하여 축적 되며 우리의 것 우리의 생각으로 소화 되어 더 나은 건축적인 해답으로 표현 되도록 하였다.

구성원 각자의 개성과 아이디어를 존중하면서 78년부터 각 실별 특성을 부여하여 80년 이후 특수 분야의 설계를 효과적으로 수행할 수 있게 된다. 수출입은행본점, 이화여대도서관, 단국대도서관, 고려대학교 종합병원, 종합전시장 및 SITRA '82, 한국야쿠르트의 모든 공장, 아남산업 전자 제품공장 등이 완성 된다.

85년 초에 설치한 CAD System은 이제 활용단계에 접어들어 실시설계 도면작성에 필요한 시간을 단축하여 더 많은 시간을 Design에 할애 할수있게 되었으며 Design 발전에도 기여하고 있다.

이제 정림은 창립20주년을 맞이하게 되었다. 그동안 많은 부분에서 성장을 거듭해 왔지만 가장 중요하게 생각되는 것은 우리가 건축계의 선도적 위치에 이르렀다는 점과 건축가 지망생들이 개성있는 건축가로 성장되었다는 점이다. 이는 정림을 육성해온 김정철, 김정식의 노력의 결과이며 젊은 건축가들과 Partnership으로 조직을 발전시켜온 결과이다. 76년 건축계에서는 최초로 김정철이 동탑산업훈장을 받을때 기쁨보다는 책임을 느꼈듯이 정림은 이제 사회의 公器로서 해야할 많은 책임을 느끼며 젊은 건축가 Group과 함께 영원할 수 있도록 더욱 정진해 나갈것이다.

(정림건축 설계실장)

position of a leading architectural firm but will feel a great deal of social responsibility; together with its young architects, Jung Lim will never cease their contribution to the society.

(Directors, Jung Lim)

무역센터 현상안

CAD실

아카이브

후암장로교회
인천제일교회
한국외환은행 본점
노량진교회
한국산업은행 본점 계획안
둔촌주공아파트
대구은행 본점
사학연금회관
전주서문교회
로얄빌딩
연세대학교 100주년 기념관
기독교 100주년 순교자 기념관
서울대학교 선경경영관

후암장로교회, 1967

단순한 형식과 청순한 정신은 초기 기독교 시대를 연상케 한다. 설계 당시 재래의 교회 양식을 탈피하면서 장로교의 기능, 교회의 음향효과, 채광 방식의 조화를 통한 영적인 내부 분위기의 조성을 시도했고, 성가대의 위치를 제단 후편에 두어 새로운 예배 공간을 구성하였다. 내부 공간은 바실리카적 단면 형태로 좁고 높은 네이브 부분은 한층 더 엄숙하게 메시지를 전하는 공간이 되고 있으며, 기둥을 노출시켜 구조미를 강조하고 있다. 측벽의 변색 벽돌 릴리프는 산상보훈을 양각시킨 것으로 음향효과도 고려하여 계획되었다.

설계	김정철
위치	서울시 용산구 후암동
연면적	1,370㎡
규모	지하 1층, 지상 3층, 예배당 600석
연도	1967

2층에서 바라본 강단

1층 입구에서 바라본 강단

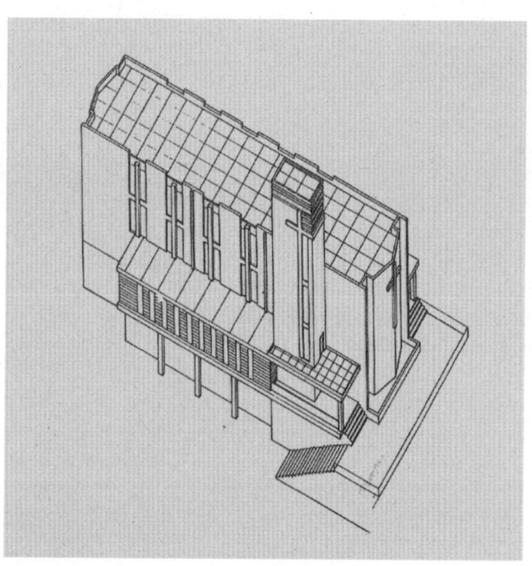

엑소노메트릭

인천제일교회, 1968

인천항으로 접근할 때 첫눈에 띄는 언덕 위에 자리하고 있다. 인천 개신교의 상징적 위치를 점하고 선교 1세기를 향한 역사성을 간직한 교회로, 등불과 같은 역할을 가지도록 의도했다. 종탑과 예배당을 일체로 묶어 하늘을 향한 믿음을 표현하고 하늘의 소망을 지향한 듯 세모진 지붕 선이 종탑으로 모이고 십자가로 정점을 이루어 바다에서는 물론 인천 어디에서나 볼 수 있도록 계획했다. 예배 공간은 설교단을 구심으로 평면과 공간이 모이며 이는 외관에 그대로 반영되었다.

위치	인천시
연면적	2,708㎡
규모	지하 2층, 지상 2층
연도	1968

투시도

전경

천장과 벽 상세

강단에서 바라본 출입구

출입구에서 바라본 강단

한국외환은행 본점, 1973, 1976, 1977

명동 지구 재개발사업의 일환으로 계획되었으며, 1973년 현상설계 당선으로 시작되었다. 국제적 은행으로서의 성격과 을지로 도시 패턴 형성의 시발점이라는 의미를 가진다. 고층부 사무실과 랜드마크적 포디엄 영업장으로 구성되었으며, 이는 은행 본점 건축의 하나의 전형으로 받아들여진다. 선큰 가든의 첫 시도로 지하 공간을 개방, 활성화하고, 보안을 건물 자체에 국한시켜 담장을 없애고, 옥외 공간을 지역에 공개하여 도시 공간화를 실현했다. 외부 공간에는 환경 조각물을 디자인 요소로 사용하여 품위와 즐거움을 더했다. 외장은 브라질산 화강석과 진달래색의 타일로 마감되어 온화하고 생동감 있는 느낌을 준다.

설계	김정철, 김창일
위치	서울시 중구 을지로2가
대지면적	11,722m^2 (or 11,715m^2)
건축면적	3,924m^2 (or 3,399m^2)
연면적	74,750m^2 (or 74,745m^2)
규모	지하 3층, 지상 24층
구조	철골철근콘크리트조
외장재	PC판 위 자기타일, 화강석(브라질산)
연도	1977
설계연도	1977.12
준공	1980

초기 계획 단계의 스케치

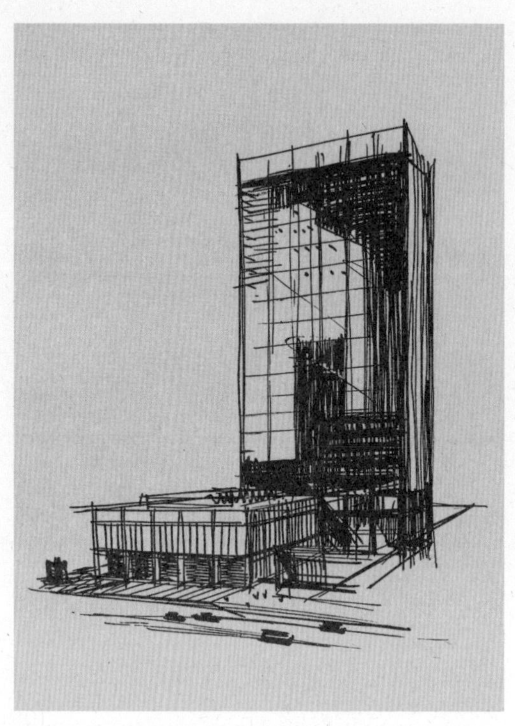
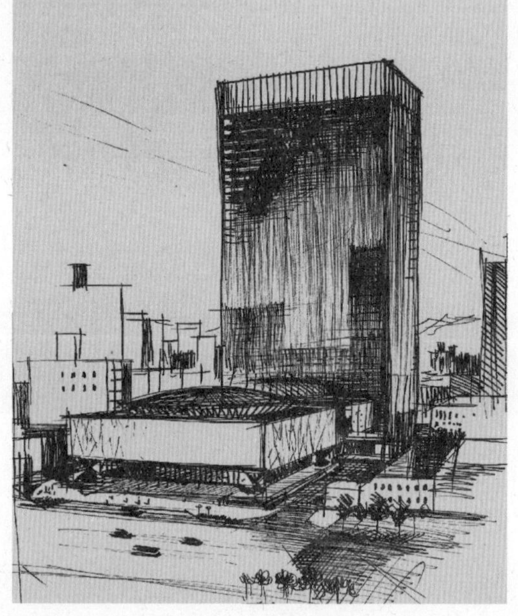

초기 계획 단계의 스케치

오피스와 포디엄이 만나는 부분 스케치

1973년 계획안 입면

1973년 계획안 투시도

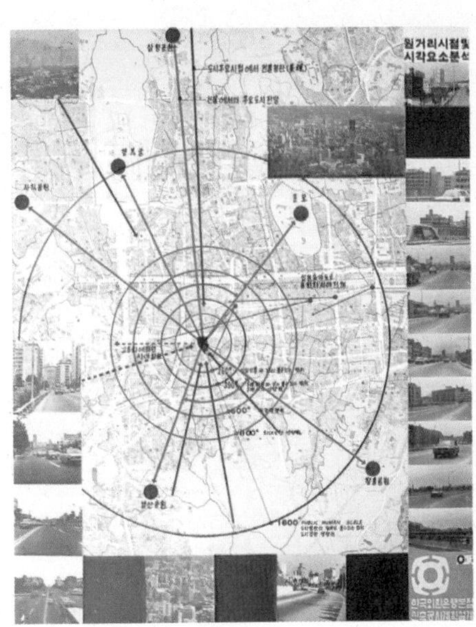

장거리 시점에서의 시각요소

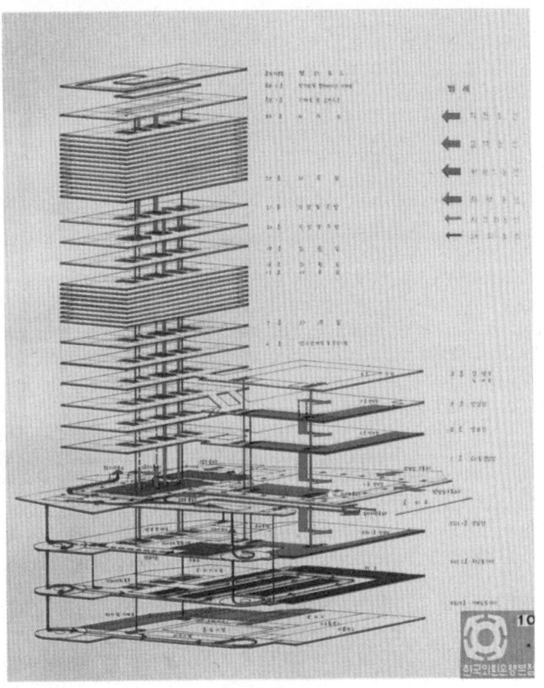

동선 기능도

포디엄 부 조감도

포디엄 부 투시도

영업장 투시도

1973년 계획안 모형

계획부지(구 동양척식회사 경성 지점)

1976년 설계 변경 입면 대안

1976년 설계 변경안 투시도

로비 투시도

영업장 투시도

강당 투시도

임원실 투시도

1976년 기공식에 맞추어 발간된 신축 공사 설명서

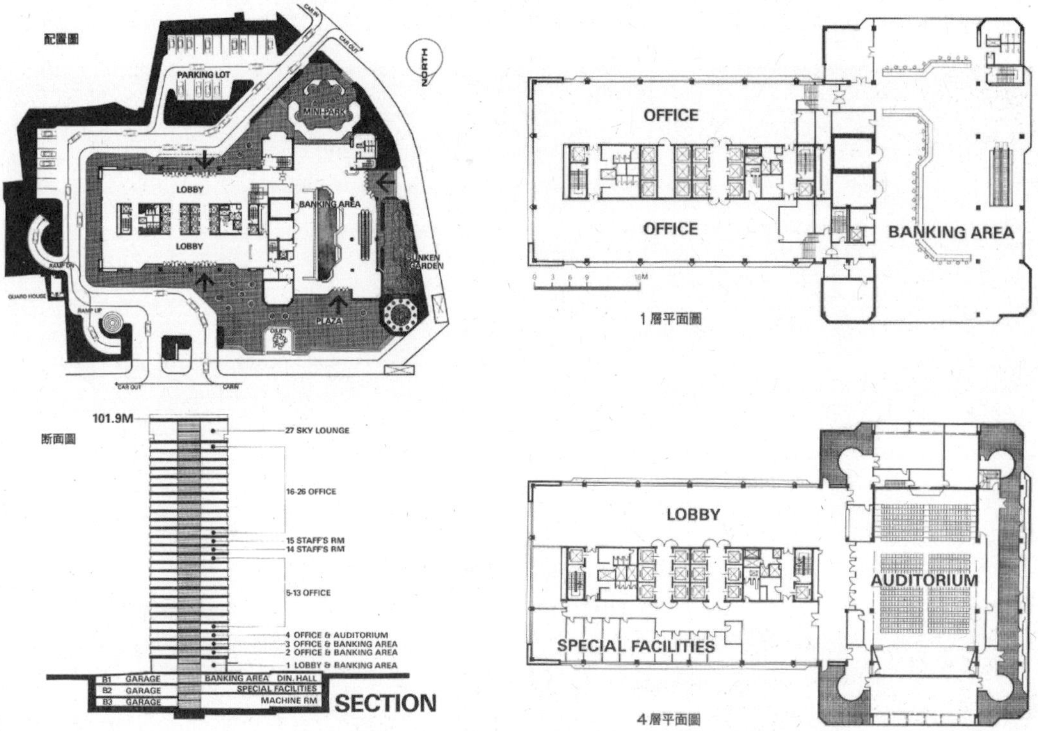

配置圖

PARKING LOT
MINI-PARK
NORTH
CAR IN
CAR OUT
LOBBY
LOBBY
BANKING AREA
SUNKEN GARDEN
RAMP DN
RAMP UP
GUARD HOUSE
PLAZA
OBJET
CAR OUT
CAR IN

OFFICE
OFFICE
BANKING AREA

1層平面圖

101.9M

断面圖

27 SKY LOUNGE
16-26 OFFICE
15 STAFF'S RM
14 STAFF'S RM
5-13 OFFICE
4 OFFICE & AUDITORIUM
3 OFFICE & BANKING AREA
2 OFFICE & BANKING AREA
1 LOBBY & BANKING AREA
B1 GARAGE BANKING AREA DIN. HALL
B2 GARAGE SPECIAL FACILITIES
B3 GARAGE MACHINE RM

SECTION

LOBBY
AUDITORIUM
SPECIAL FACILITIES

4層平面圖

최종안 평면도와 단면도

최종안 모형

노량진교회, 1974

정사각형 평면의 대각선 방향으로 공간의 초점을 모아 정중하고 친근감 있는 예배 공간을 형성하고, 내부에 잠재된 공간감을 그대로 조형 이미지와 연결했다. 도심 관통 도로의 한가운데 부상하는 종탑은 본당과 더불어 강한 신앙적 조형성을 표출했다. 내부마감은 적벽돌을 사용하여 빛에 의한 시원적 분위기를 연출했다.

위치	서울시
연면적	1,553㎡
규모	지하 1층, 지상 2층
연도	1974

남측 창 스테인드글라스

실내 전경

제단

준공 당시 전경

투시도

한국산업은행 본점 계획안
1975(을지로), 1977(학동), 1982(여의도)

1975년부터 1982년까지 세 차례에 걸쳐 수행한 계획인으로 정림의 은행에 대한 어휘인 영업장의 포디움과 사무동 타워 부분의 구성이 각기 다른 환경적 특성을 지닌 대지에 일관되게 적용되고 있다. 1975년 현상설계에서 1등 당선된 이래 이전 계획의 변경에 따라 일련의 작업이 수행되었으며, 모두 실현되지는 않았다.

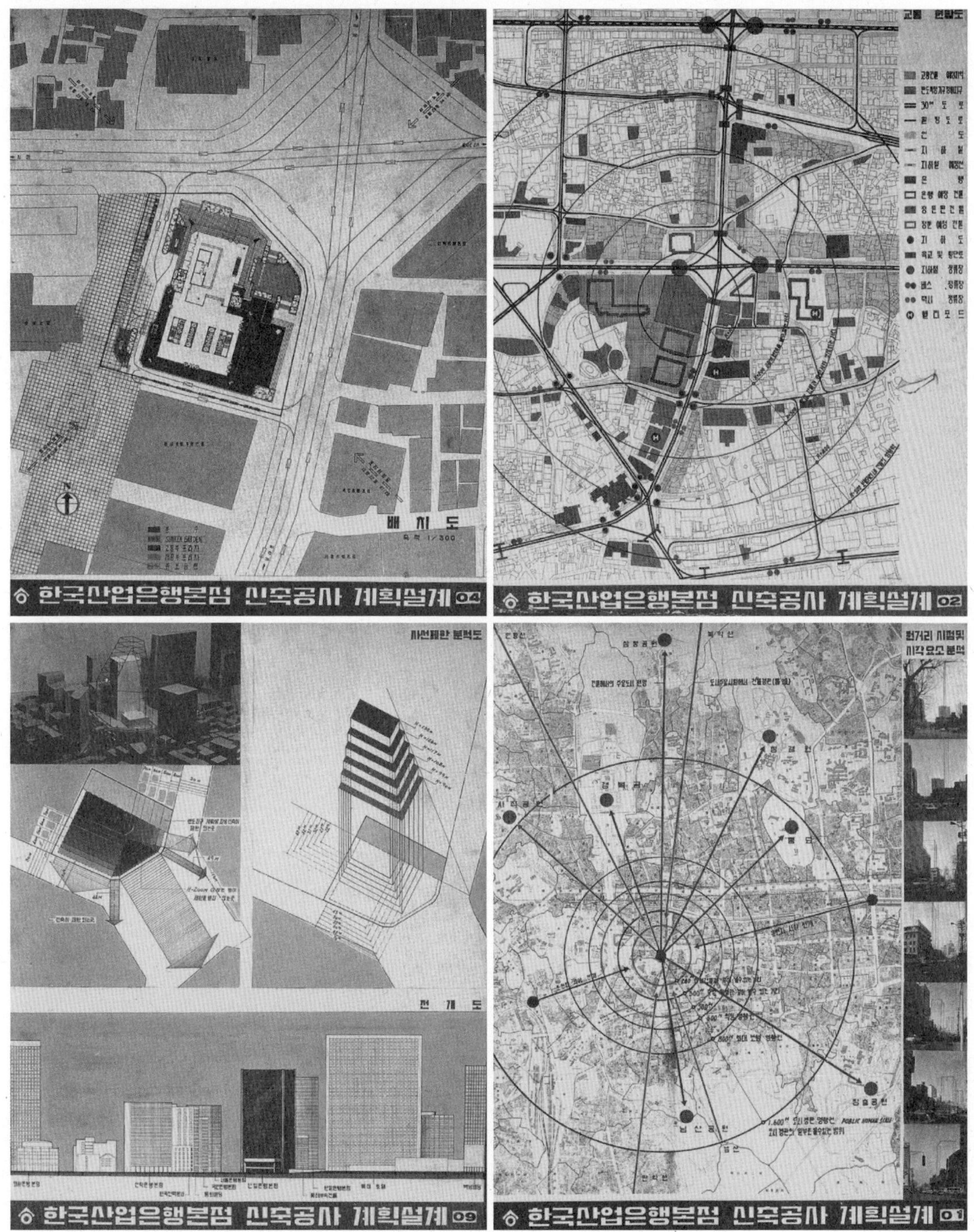

1973년 현상설계 제출 패널, 을지로

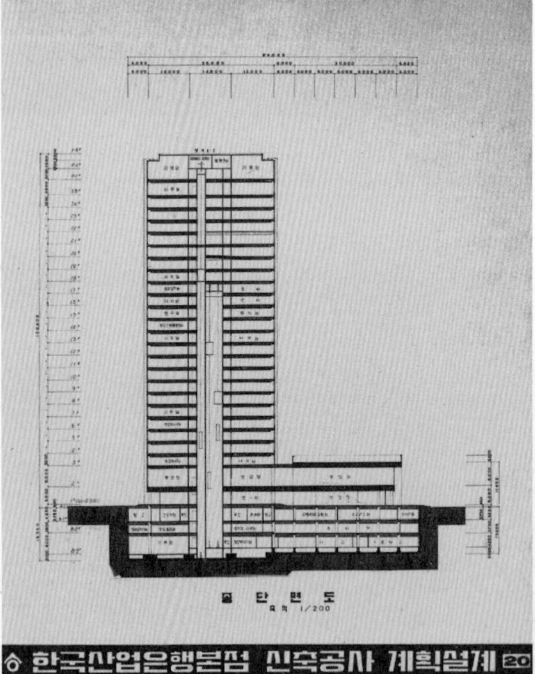

1973년 현상설계 제출 패널, 을지로

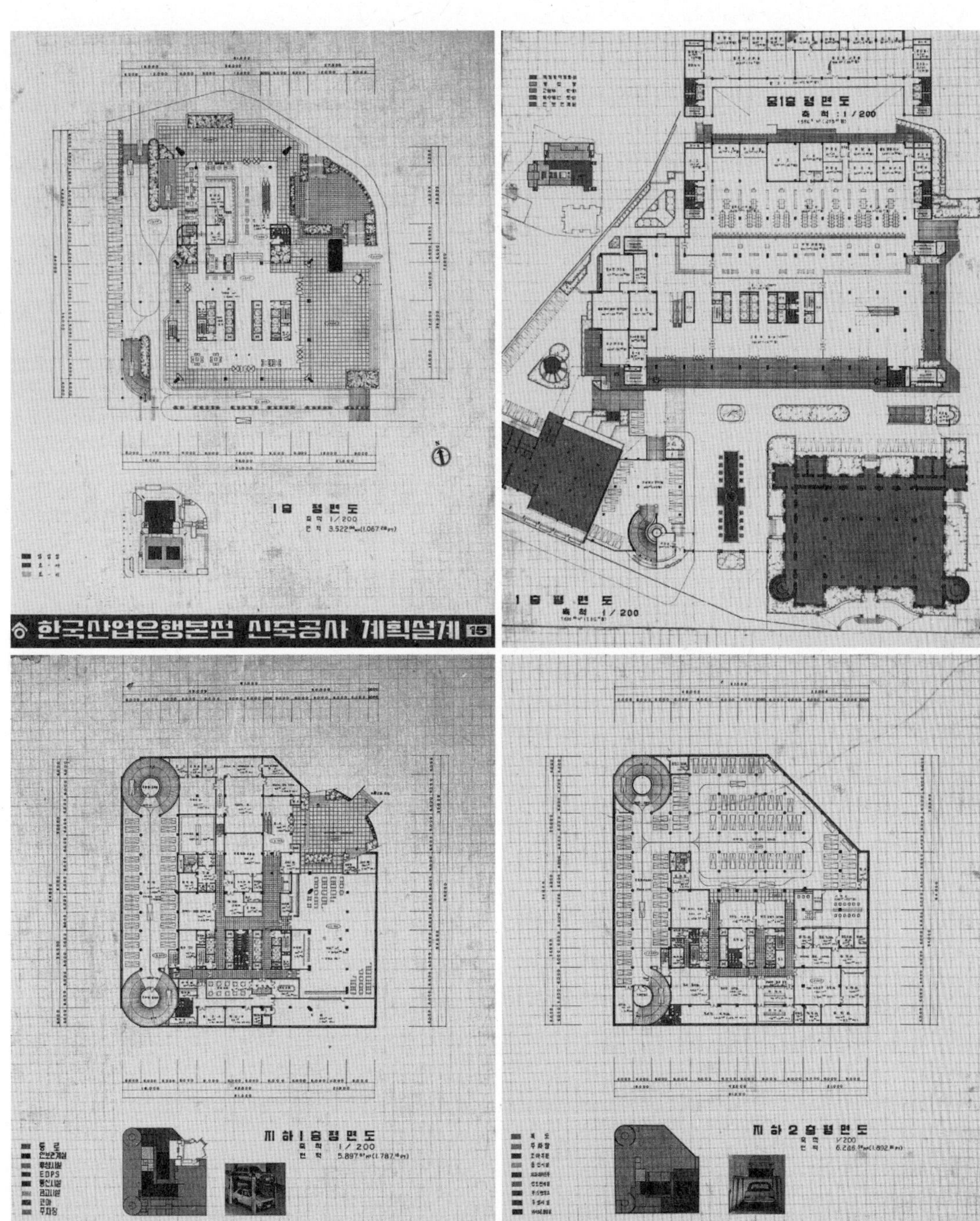

1973년 현상설계 제출 패널, 을지로

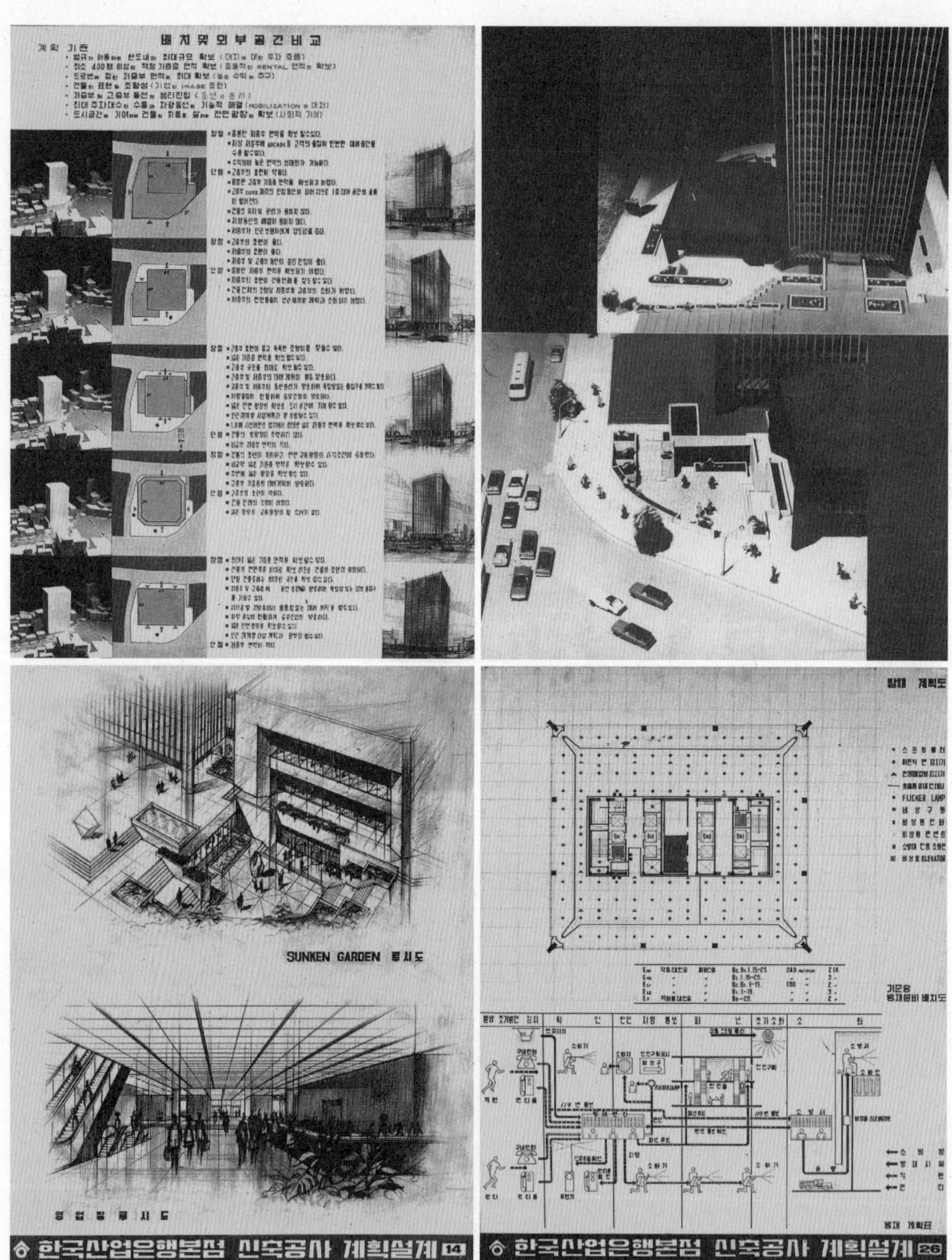

1973년 현상설계 제출 패널, 을지로

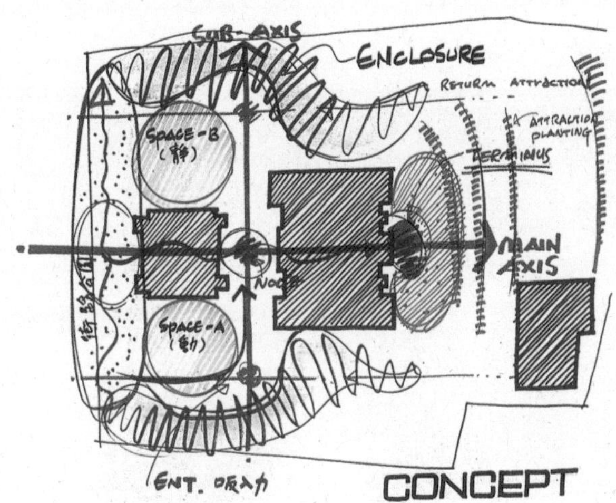

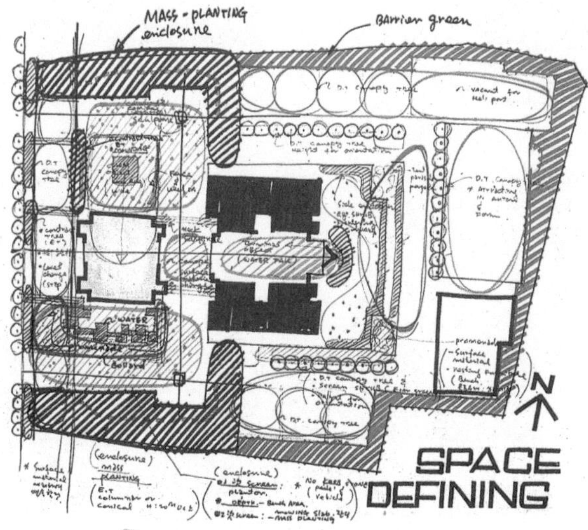

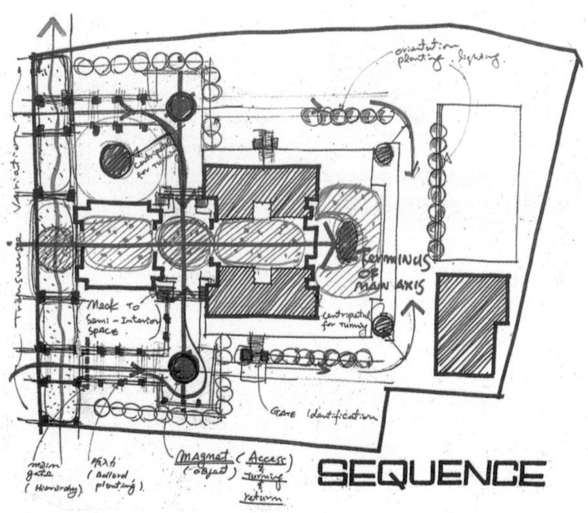

1977년 학동 계획안 다이어그램

1977년 학동 계획안 모형과 투시도

1977년 학동 계획안 실내 투시도

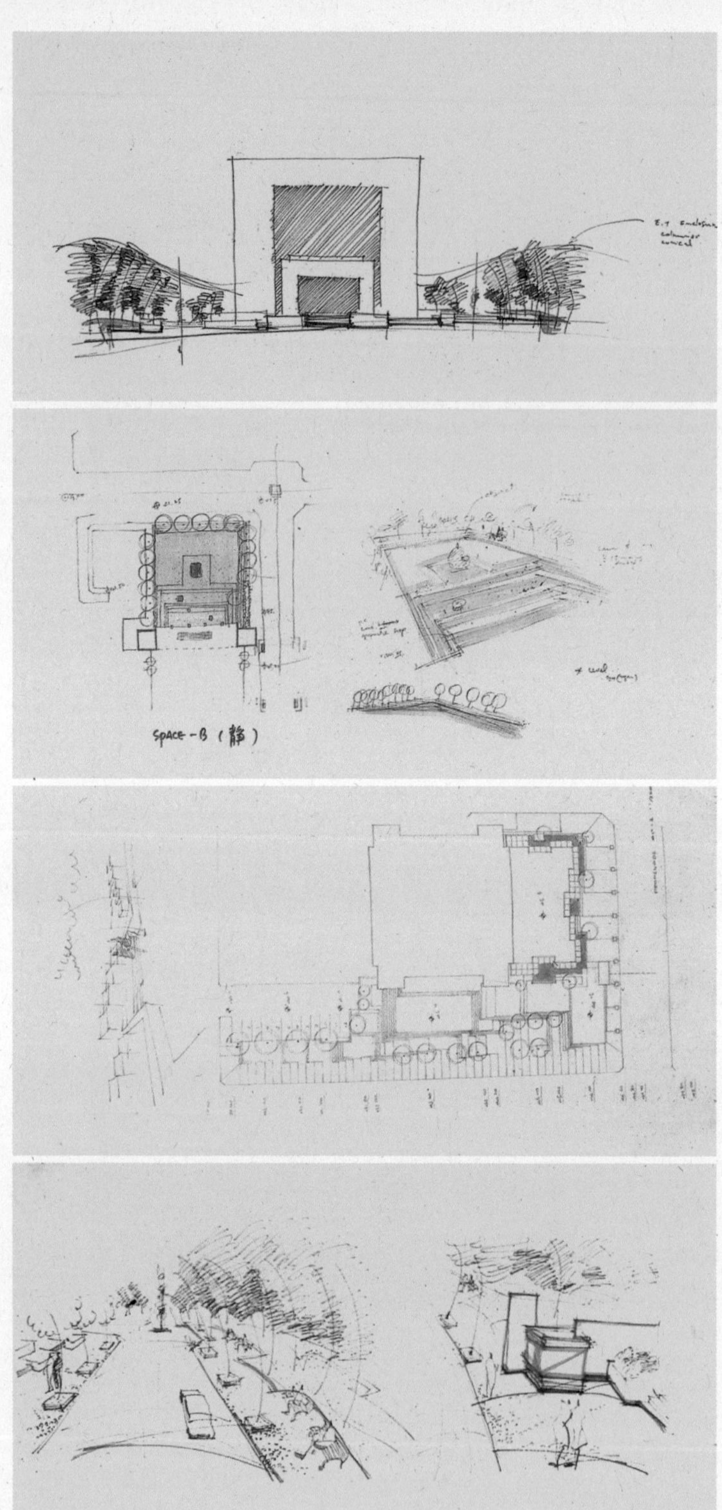

1982년 여의도 계획안 스케치

외벽재료 대비표

	자기질 타일	국내 화강석	외산 화강석
조형성	· 경쾌한 인상 · 다양한형태, 질감구사	· 육중 · 장엄한 인상 · 색조 선택 제한	· 육중 · 장엄 · 견실한인상 · 색조 선택 다양
시공성	· 대량생산 · 백화현상 (영업동)	· 재료확보 문제	· 대량구입가능
기타단열성	양호	양호	양호
경제성	1.0 배	6.5 배	8.5 배

내외장 재료

1.외 장

	외벽면	장 (FRAME)	장 (GLASS)
고층부	PC 콘크리트 판넬 위 화강석판	COR - TEN	18m/m 페어그라스
저층부	화강석 붙이기 (건식)	STAINLESS STEEL	18m/m 페어그라스

2내 장

	바닥	벽	천정
임원실	암스트롱 타일	경량 PARTITION 위 목조 조각판넬 및 특수섬유벽지	15m/m 미네랄보드 문양판
로비	화강석 물갈기	화강석판 Z-F.	미네랄 보드 평판
영업장	화강석 물갈기	화강석판 Z-F	알미늄격자천정 및 미네랄보드 평판
일반사무실	아스타일	1.6m/m 철판 위 메라민 소부	15m/m 양면 흡음판
임원식당	암스트롱 타일	목조 조각 판넬.	미네랄 보드 문양판
직원식당	암스트롱 타일	그라스 모자익 타일	미네랄 보드 문양판

공사 예산

■ 기존타일사용 1979.10 물가기준. 단위 — 원

	공사비	평당 공사비	비고
건축공사	11,968,779,900	643,407	
기계설비공사	3,432,000,000	184,494	
전기설비공사	3,184,000,000	171,163	
운송설비공사	825,000,000	44,350	ELEVATOR
부대설비공사	1,189,350,000	63,936	GONDOLA. 금고비 주방설비
소계	20,599,129,900	1,107,349	
조경공사	667,057,000	53,482	
토목공사	904,200,000	72,495	
기타	731,500,000		
합계	22,901,886,900	1,231,139	

(부가 가치세 포함)

공사 예산

■ 국내 화강석 사용 1979.10 물가기준. 단위 - 원

	공사비	평당 공사비	비고
건축공사	13,604,639,000	731,346	
기계설비공사	3,432,000,000	184,494	
전기설비공사	3,184,000,000	171,163	
운송설비공사	825,000,000	44,350	ELEVATOR
부대설비공사	1,189,350,000	63,936	GONDOLA. 금고비 주방설비
소계	22,234,989,000	1,195,288	
조경공사	667,057,000	53,482	
토목공사	904,200,000	72,495	
기타	731,500,000		· 공사감리비 및 기타 · 업무용구축물
합계	24,537,746,000	1,319,078	

(부가 가치세 포함)

■ 외산화강석사용시 25,964,497,000 - / 1,395,776 평당

법개정사항에 따른 설계작업 범위

	내용 및 대책	작업 범위
주차장	· 체육관 면적을 옥내 주차장으로대치 · 후면 정구장을 옥외주차장으로활용	· 옥내주차장 평면계획 및 실시설계 · 조경 재 조정
내장재	· 재료변경 (불연재료)	· 실내 디자인 재 조정 (회의장 등)
조경		· 전반적인 조경 및 구조물 조정 · 전면 옥외주차장 녹지화
비상수조	· 지하2층 MAT FOUNDATION의 구조물 사용가능여부 검토	· 지하 구조물 변경. 조정
전기 기계	· 소방 검사 규칙에 따른	· 허가도면 전면 재설계 · 건축 변경부분 재설계
견적	· 물가상승 및 설계변경에 따른 예산조정	· 일위 대가 작성 · 수량 산출 재 작성

건축관계법 개정사항

	설계 당시	개정 사항
1.주차장	옥내 200M²/ 1대 옥외 300M²/ 1대 기존주차 = 271대	옥내외 150M²/ 1대 법정주차 383대 부족주차 112대
2.내장재	해당 없음	불연 · 준불연 · 난연재 사용 (회의장)
3.조경	해당 없음	대지면적의 10% 녹지 확보
4.비상수조	해당 없음	연면적당 40ℓ이상 확보 (총용량 : 2500)
5.전기 · 기계	해당 없음	소방설비 점검 기준 확보

1982년 여의도 계획안 설계 설명서(외장재별 예산 검토)

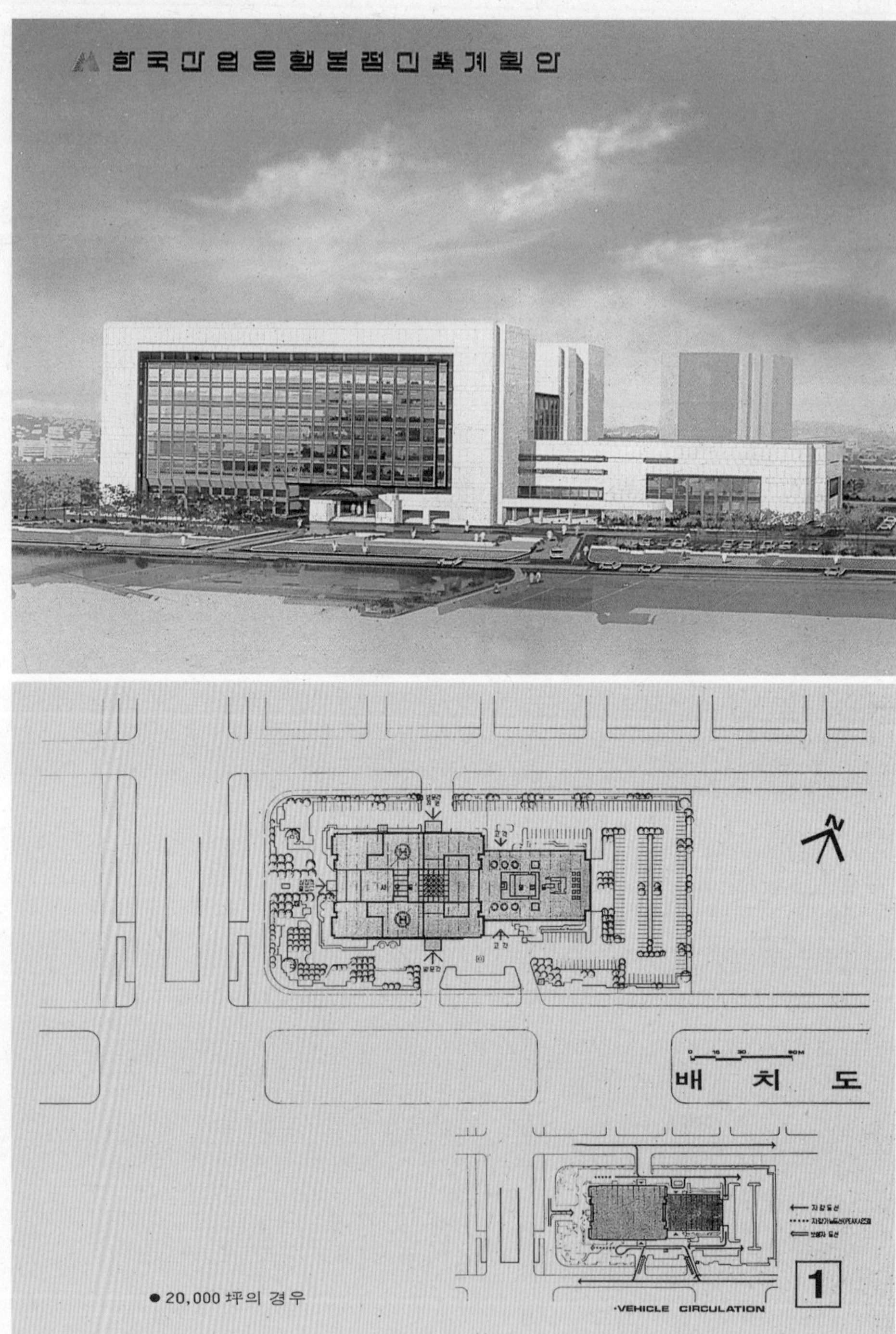

1982년 여의도 계획안 투시도와 배치도

1982년 여의도 계획안 모형

둔촌주공아파트, 1978

여러 공장의 사택단지를 통해 집합주택에 관한 설계 경험을 축적해온 정림건축은 1970년대 말부터 한국주택공사와 협업하기 시작했다. 둔촌주공과 도곡주공아파트의 평형별 평면을 설계했으며, 이후에는 주택공사의 프로젝트 가운데 고층 아파트를 주로 작업했다. 한남외인아파트, 과천주공아파트의 고층 유형이 대표적인 예다.

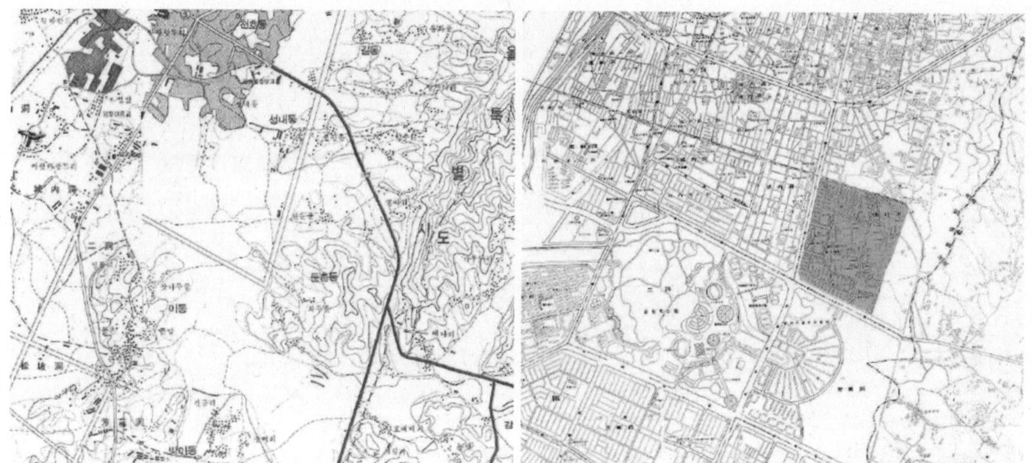

둔촌주공아파트 개발전후 비교도(개발 전과 후)

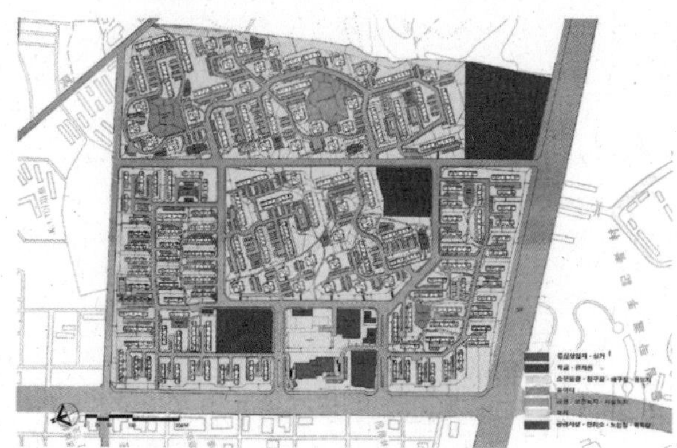

배치도

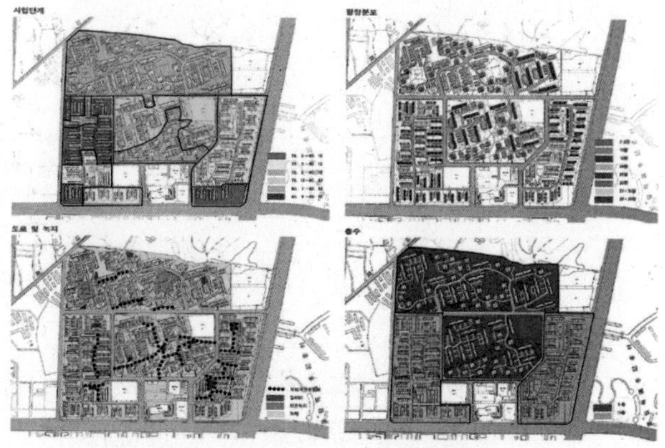

배치 관련 다이어그램(사업단계, 평형분포, 도로 및 녹지, 층수)

『대단위단지개발사례연구 자료집』,
대한주택공사, 1987.6(자료제공 박철수)

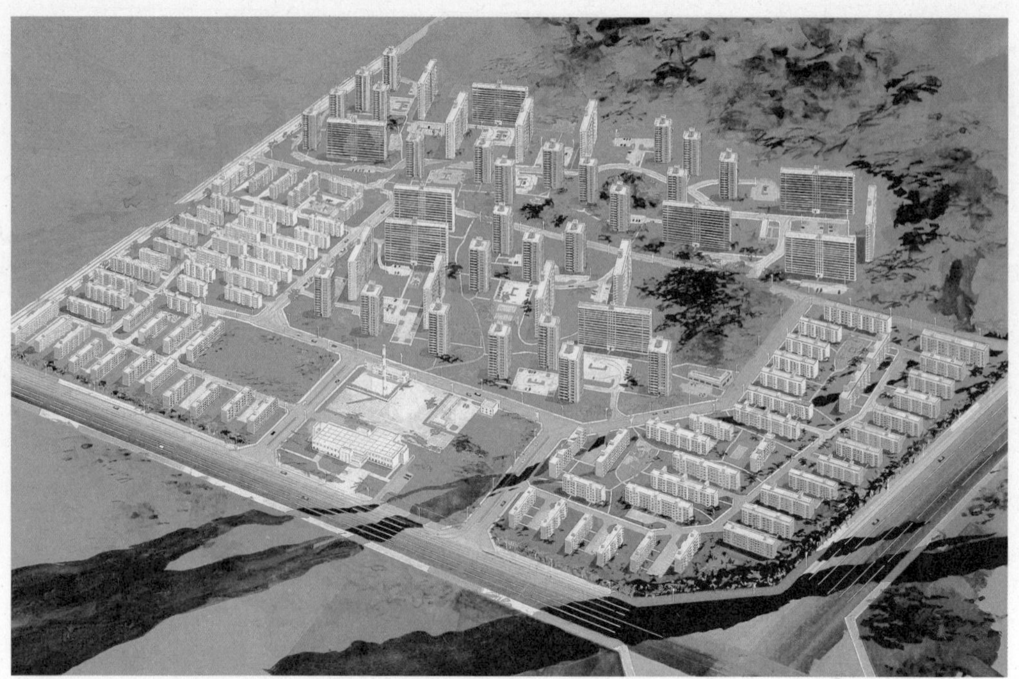

배치 조감도

434동(10층 복도형) 서측에서 바라본 단지 전경

313동에서 바라본 단지 전경과 쿨데삭 형식의 도로와 주차장

323동 옥상에서 바라본 3단지 전경

10층 타워형 아파트 입면

대구은행 본점, 1979

대구시의 새로 계획된 간선도로에 면하고 있으며, 지역 금융과 장소성의 의미를 갖도록 고층화시켜 랜드마크로서 도시 공간의 공공성을 제공토록 했다. 건축 공간에 담겨진 제 활동을 사적, 반사적, 공공적 성격으로 구분하여 내·외부 공간을 구성했으며, 이들은 상호 관입되고 교호되어 공간의 흐름을 적극 표출한다. 대지 내에 적극적인 공공 공간을 확보하고 저층부와 고층부 사이에는 선큰 가든을 두어 대지의 포용력에 순응하는 계획으로 땅과의 밀착성을 높였다. 투명성과 솔리드, 포디엄과 타워의 대비적 요소와 구조 방식과 연결되는 조형은 복합적 구성을 통한 다의적 표현을 추구하고 있다.

위치	대구시 수성구 수성동
연면적	29,226㎡
규모	지하 2층, 지상 18층
연도	1979

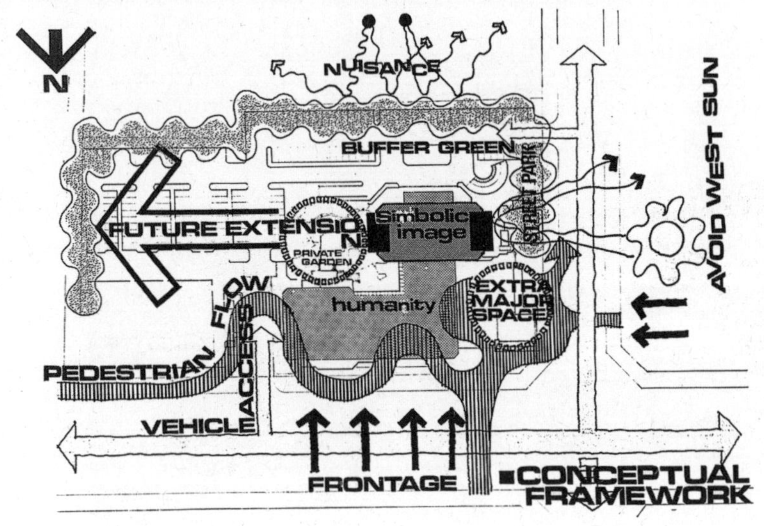

콘셉트 다이어그램

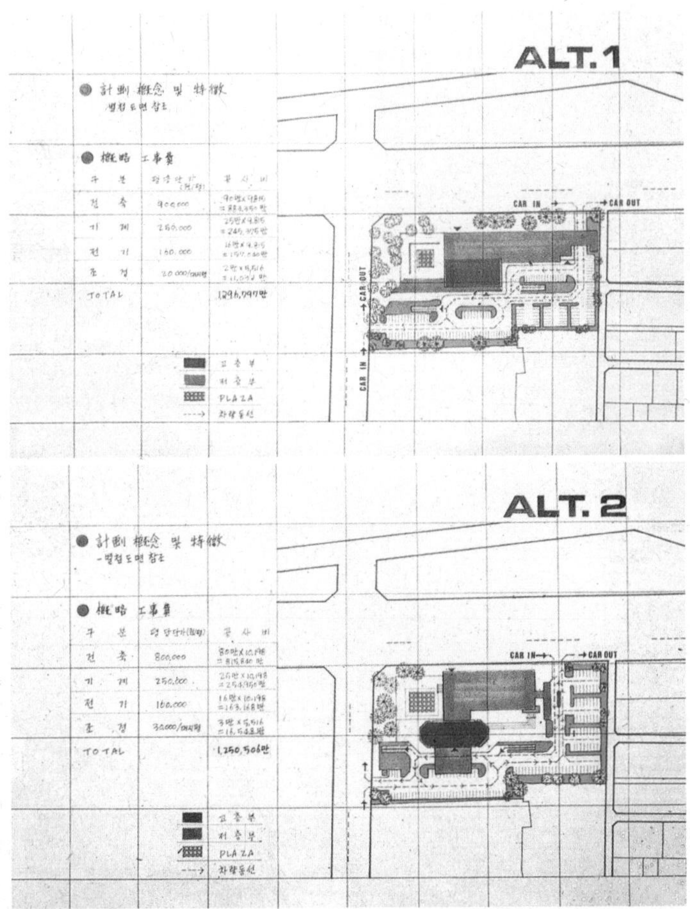

배치 계획

계획안 모형

다른 초기안 모형

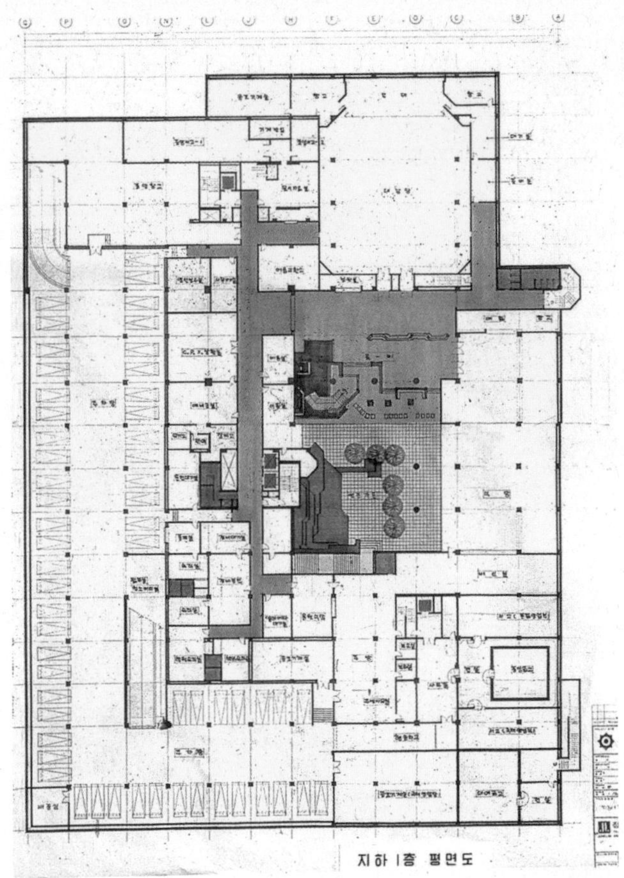

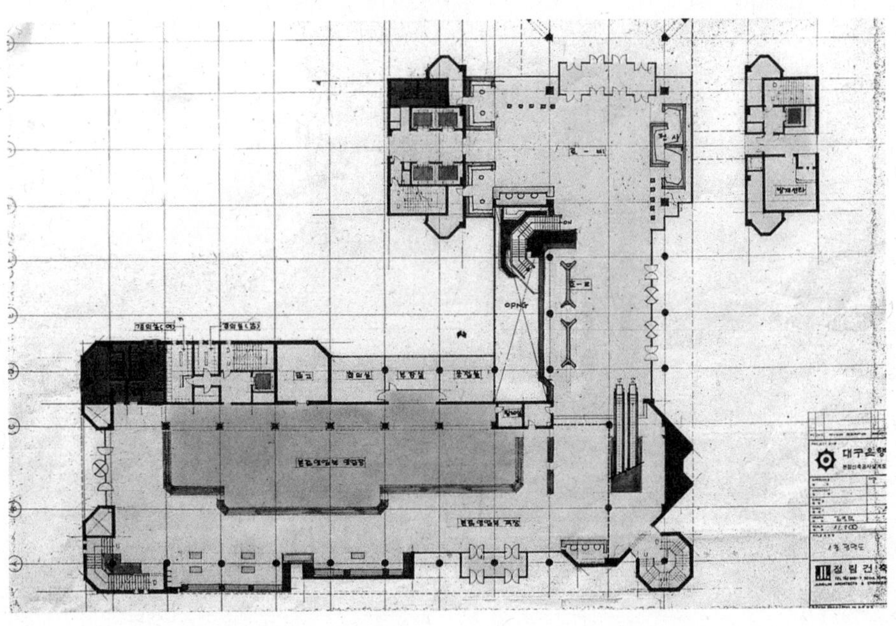

평면도

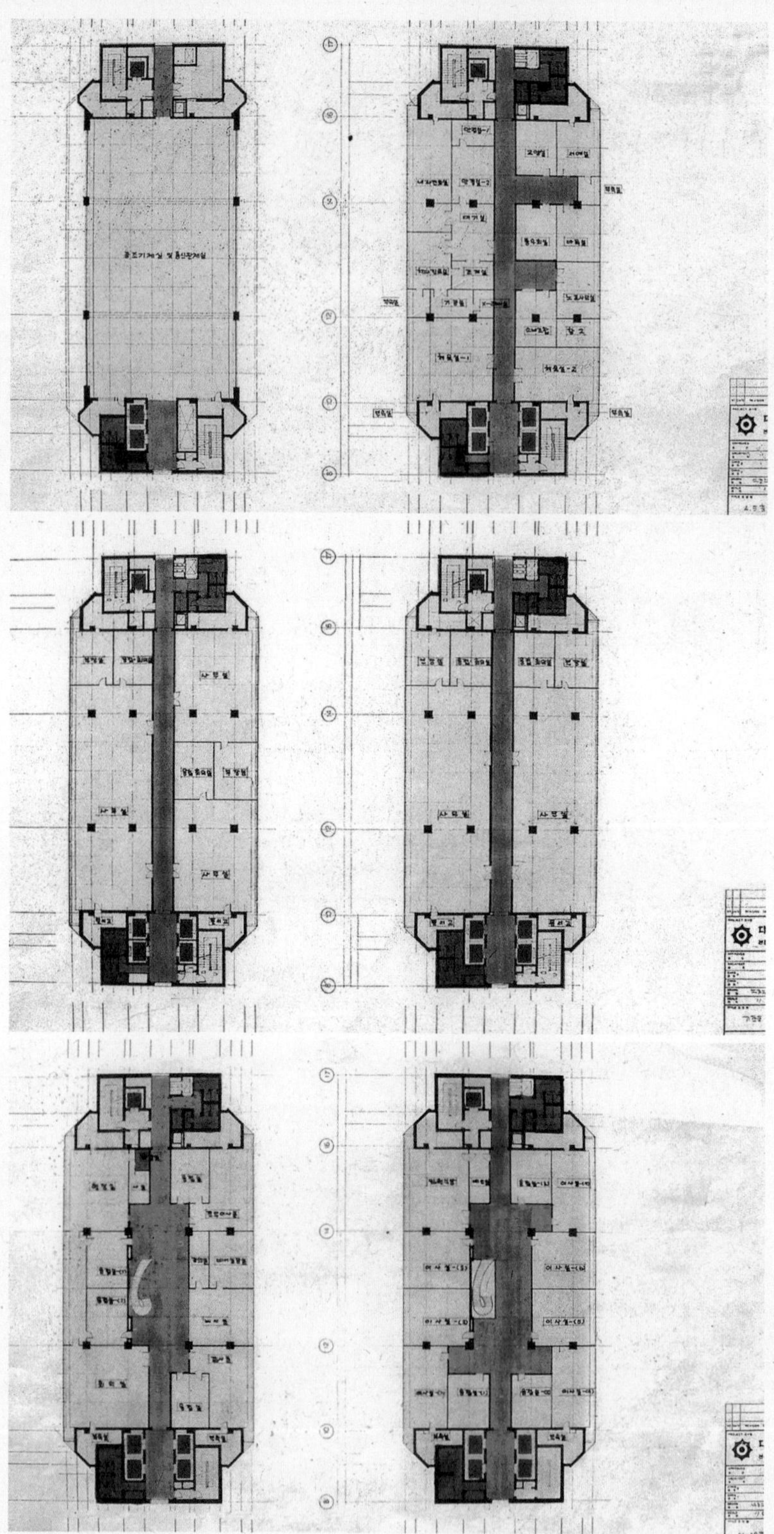

평면도

19 ELEV. 기계실
18 옥상기계실
17 임대사무실
16 연수관계실
15 기획조사부 · 관리부
14 서무부
13 안전관리 · 인사부
12 이사실
11 행장
10 업무개선 · 상황실
9 검사 · 신용조사 . 사무개선
8 저축 · 계리
7 심사 1 심사 2
6 도서 M/F 복사관계실
5 체육 · 외무 · 오락
4 공조기계실 · 통신관계실
3 휴게실 · 회의실
2 국제영업부 국제부 외자 증권
1 본점영업부 로비 방재센타
식당 · 회의실 금고 차원관계시설 주차장
중앙감시실
기계실
단 면 도 - I

단면도

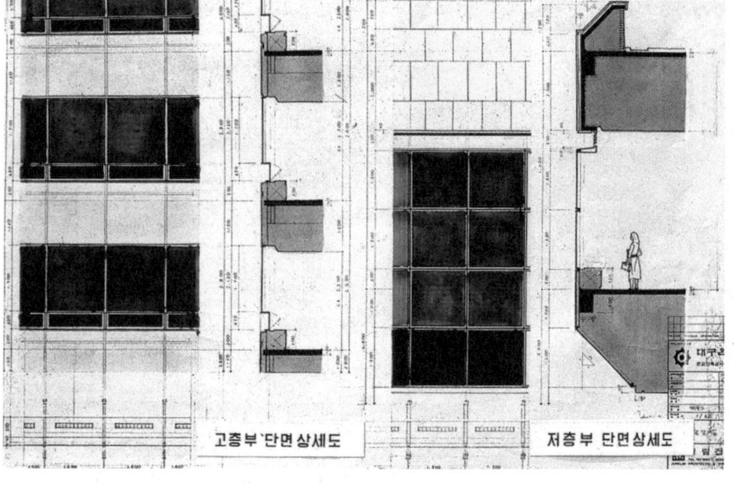
고층부 단면상세도
저층부 단면상세도

외벽 상세

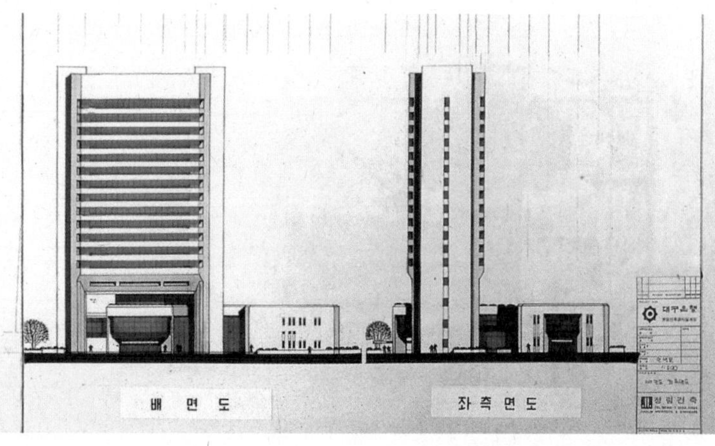
배 면 도
좌 측 면 도

입면도

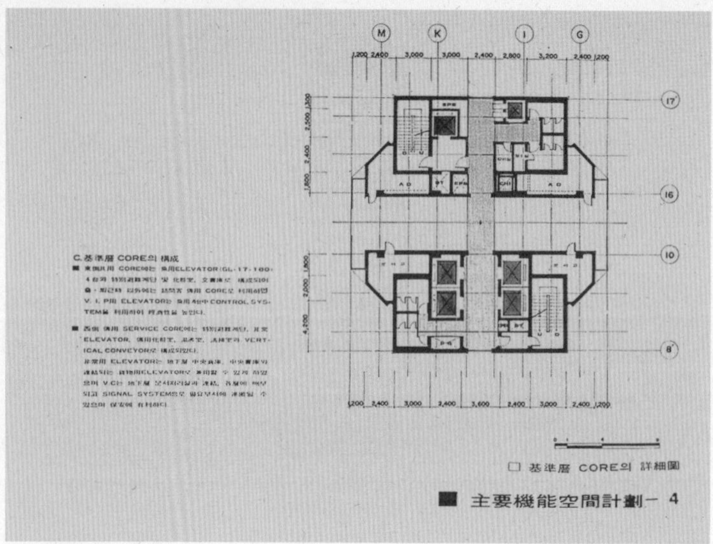

계획설명서의 공간계획

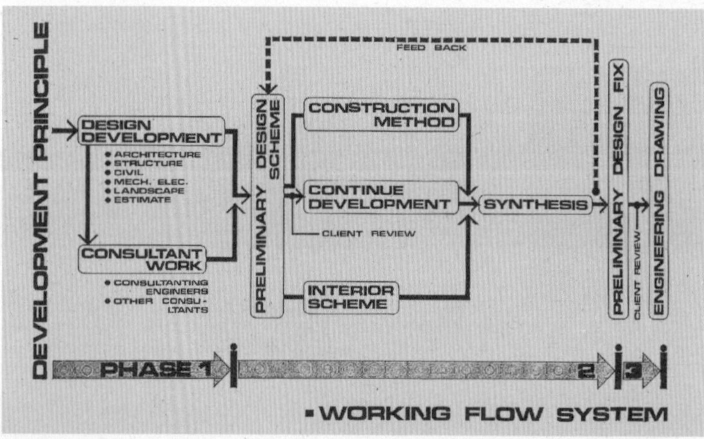

작업흐름 연구

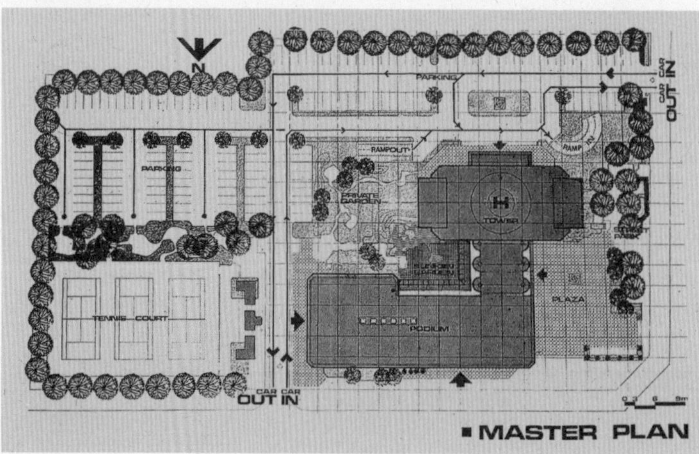

마스터플랜

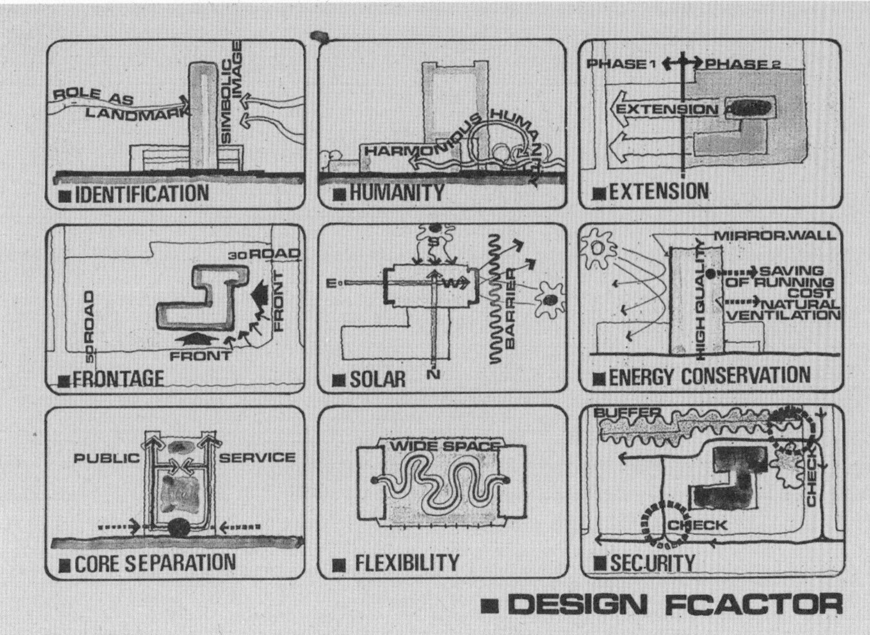

디자인 요소

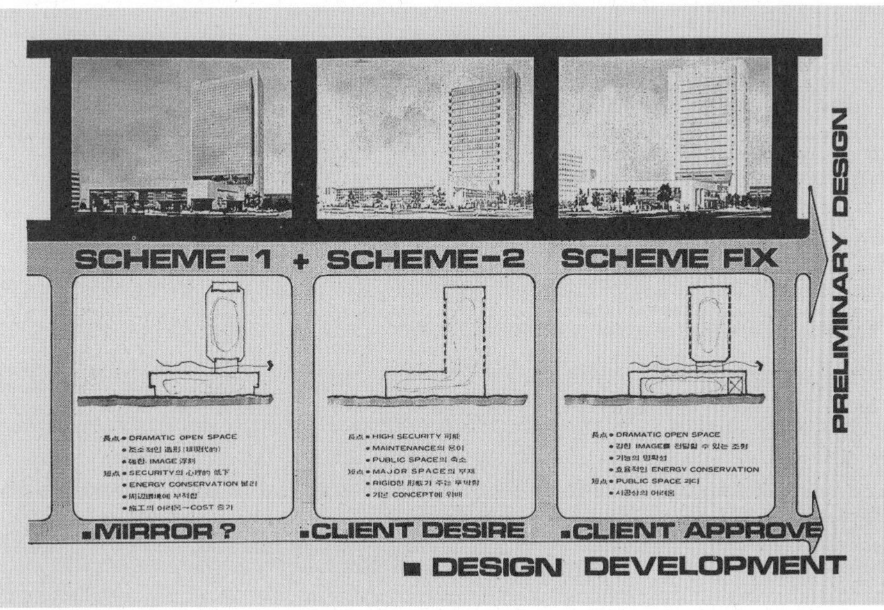

디자인 발전단계

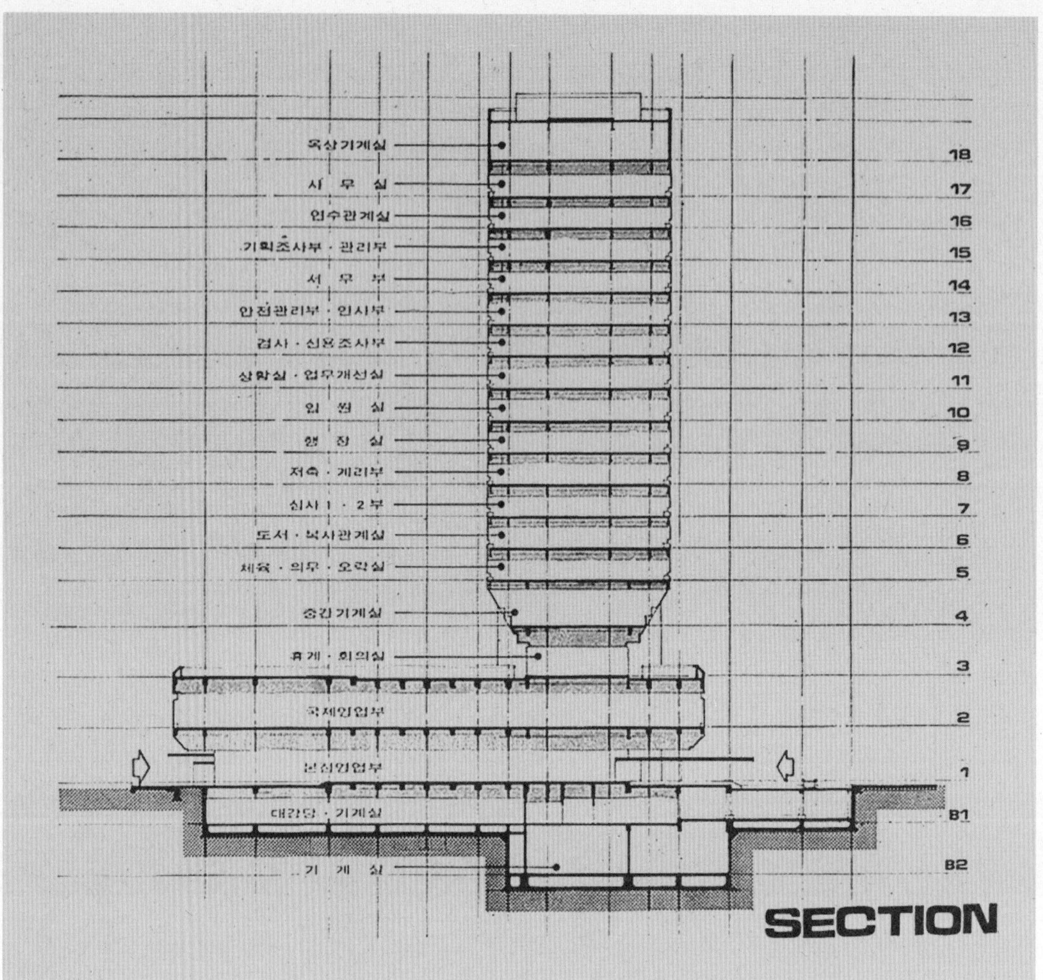
옥상기계실
18
사 무 실
17
연수관계실
16
기획조사부 · 관리부
15
서 무 부
14
안전관리부 · 인사부
13
검사 · 신용조사부
12
상황실 · 업무개선실
11
임 원 실
10
행 장 실
9
저축 · 계리부
8
심사 1 · 2부
7
도서 · 복사관계실
6
체육 · 의무 · 오락실
5
중간기계실
4
휴게 · 회의실
3
국제영업부
2
본점영업부
1
대강당 · 기계실
B1
기 계 실
B2
SECTION

단면도

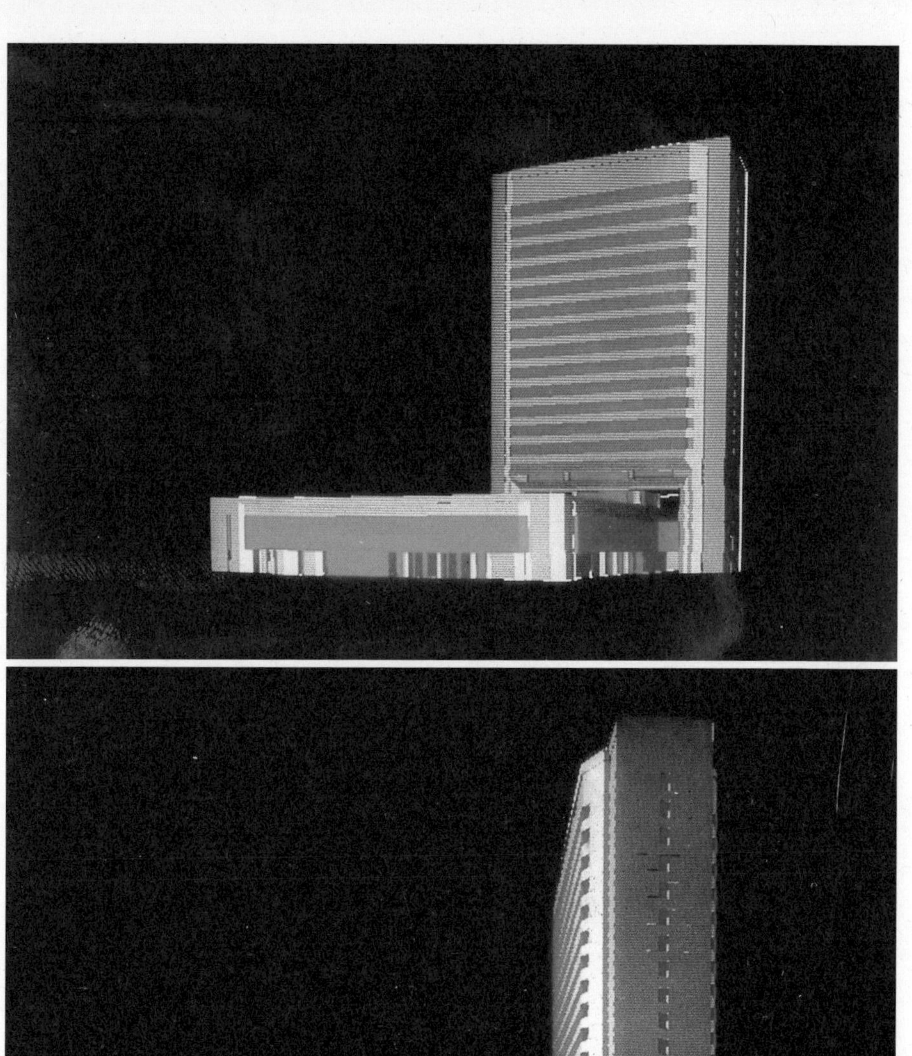

컴퓨터 그래픽 투시도

다른 초기안 투시도

공사 현장

주 출입구

주 출입구

로비

사학연금회관, 1979

사학연금회관은 여의도에 위치한 고층 오피스로, 저층부 포디엄과 고층부 사무실이라는 정림건축의 오피스 도식이 다르게 변주된 작업이다. 또 철제 멀리언으로 정면 커튼월을 구성하면서 측면은 화강석으로 마감한 방식은 외환은행에서 시작된 정림건축의 오피스 작법의 한 단계를 보여준다.

위치	서울 영등포구 여의도동 27-2
대지면적	9,917㎡
건축면적	3,467.43㎡
연면적	41,570.47㎡
규모	지하 3층, 지상 20층, 옥탑 2층
구조	철골철근콘크리트조, 철골조
내부마감	PC커튼월 및 유리커튼월, 화강석 건식 붙이기
시공	(주)금강
건축주	사립학교 교직원 연금관리공단
준공	1982

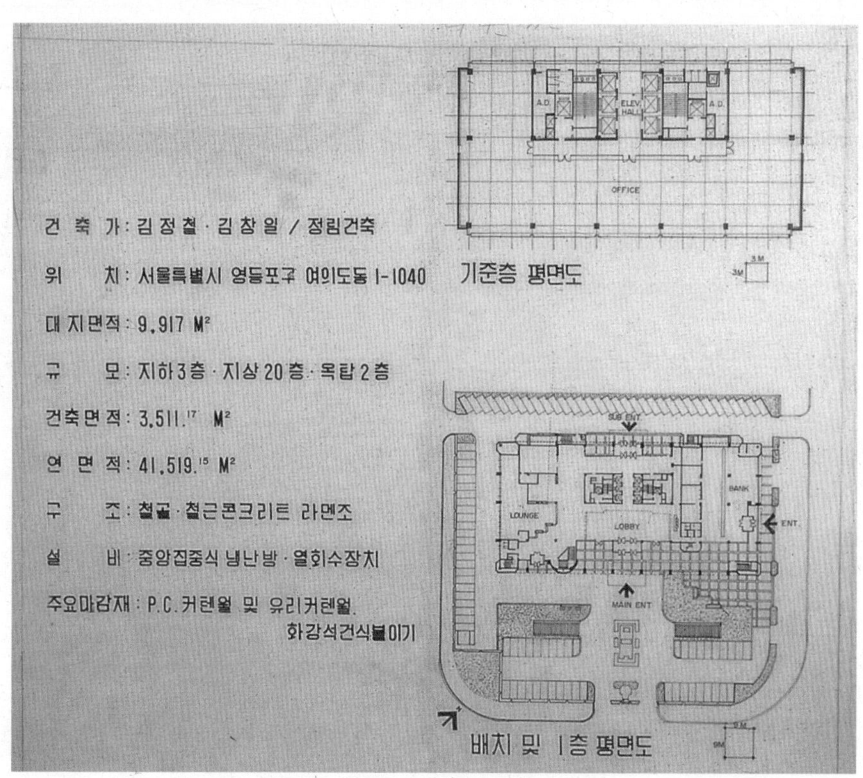
A.D.
ELEV. HALL
A.D.
OFFICE
건 축 가 : 김정철 · 김창일 / 정림건축
위 치 : 서울특별시 영등포구 여의도동 1-1040
기준층 평면도
대지면적 : 9,917 M²
규 모 : 지하3층 · 지상 20층 · 옥탑 2층
건축면적 : 3,511.17 M²
연 면 적 : 41,519.15 M²
구 조 : 철골 · 철근콘크리트 라멘조
설 비 : 중앙집중식 냉난방 · 열회수장치
주요마감재 : P.C.커텐월 및 유리커텐월,
화강석건식붙이기
SUB ENT.
LOUNGE
LOBBY
BANK
ENT.
MAIN ENT
배치 및 1층 평면도

설계 설명서

공사 현장

전주서문교회, 1979

전주시의 전통적이고 정정한 가로 분위기와 친화감을 갖도록 특별한 축선과 정면성이 없는 조소적 형체의 건축을 시도했다. 벽돌이 모여 작은 매스를 이루고, 이 작은 매스가 모여 하나의 교회 공동체의 형태를 이룬다. 이러한 조형은 80여 년의 역사를 지닌 이 교회의 고난의 발자취를 상징한다. 내부는 강단 상부의 종탑에서 쏟아지는 빛이 예배 공간의 정점인 말씀의 자리를 더욱 신성화시키고, 창에서 흘러들어온 부드러운 채광과 더불어 신앙적 분위기를 고조시킨다. 광장에 복원 배치된 옛 종탑은 친교의 외부 공간을 더욱 구심화시킨다.

설계	김정철
위치	전북 전주시 다가동
대지면적	3,001㎡
건축면적	1,057㎡
연면적	2,820㎡
규모	지하 1층, 지상 3층
외장재	붉은 벽돌 치장쌓기
연도	1979
준공	1983.12

스케치

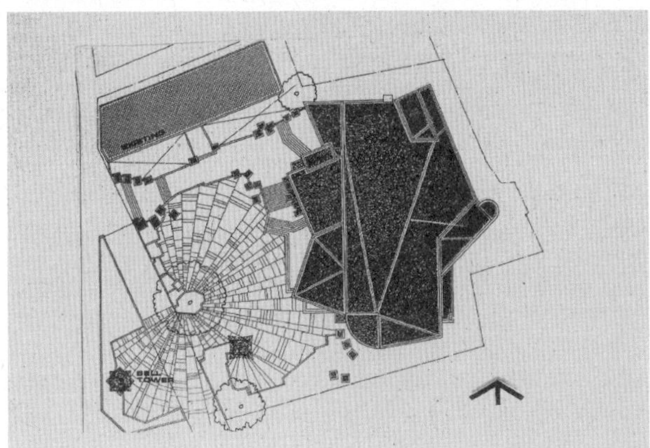

배치도

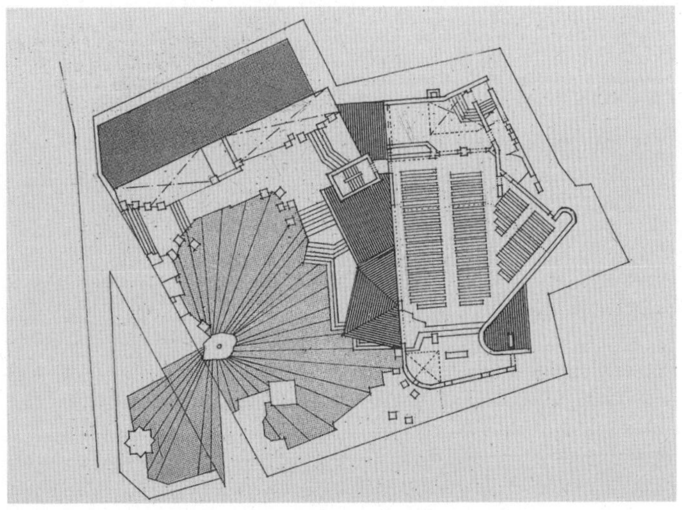

1층 평면도

한옥 밀집 지구에 위치한 대지

외벽 상세

종탑

내부 전경

스테인드글라스와 유리블록

종탑 내부

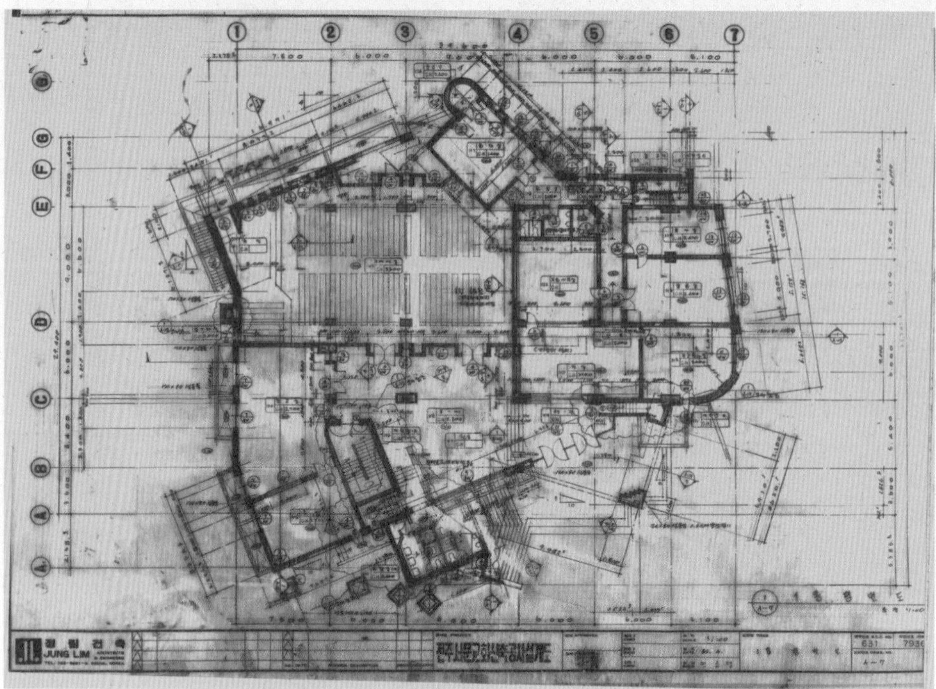

1층 평면도

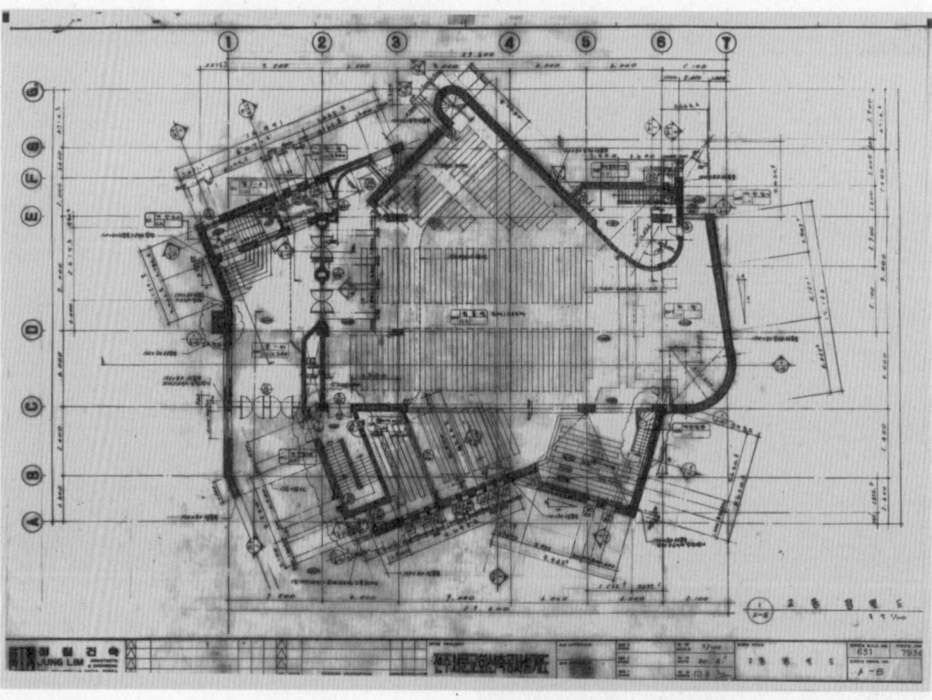

2층 평면도

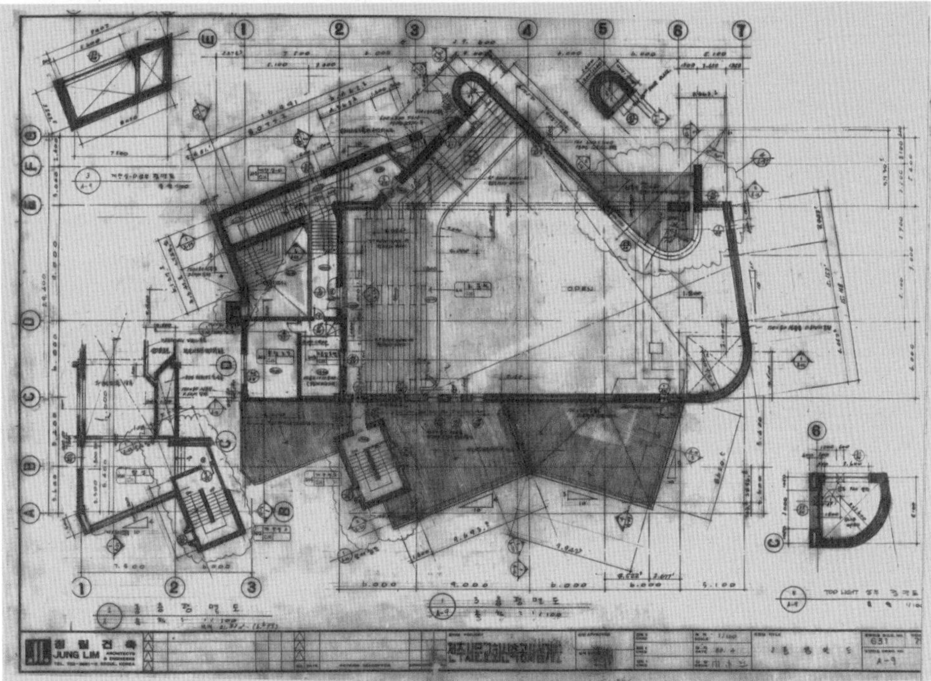

3층 평면도

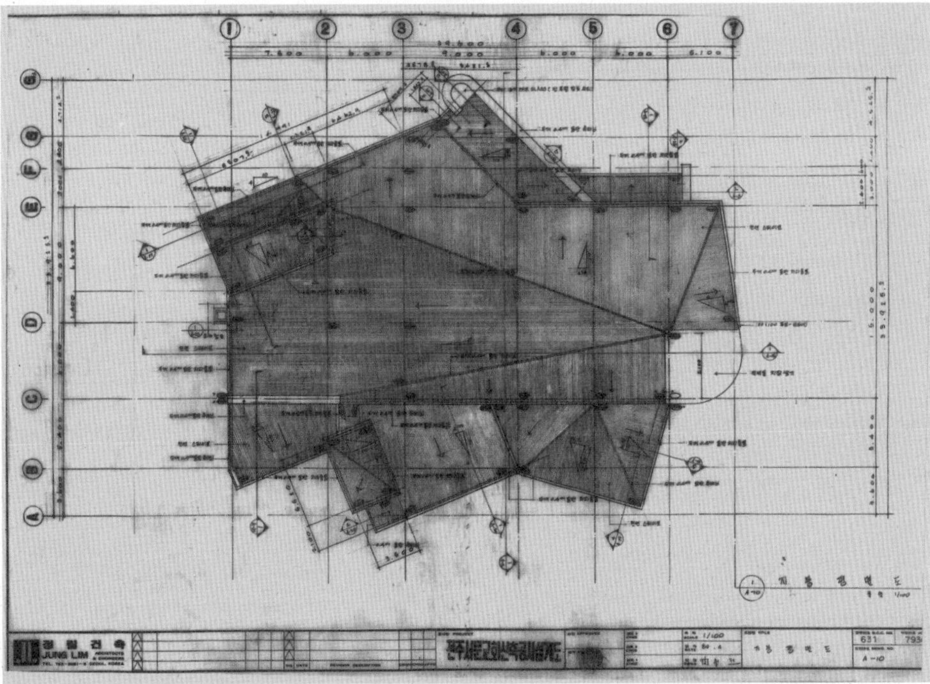

지붕 평면도

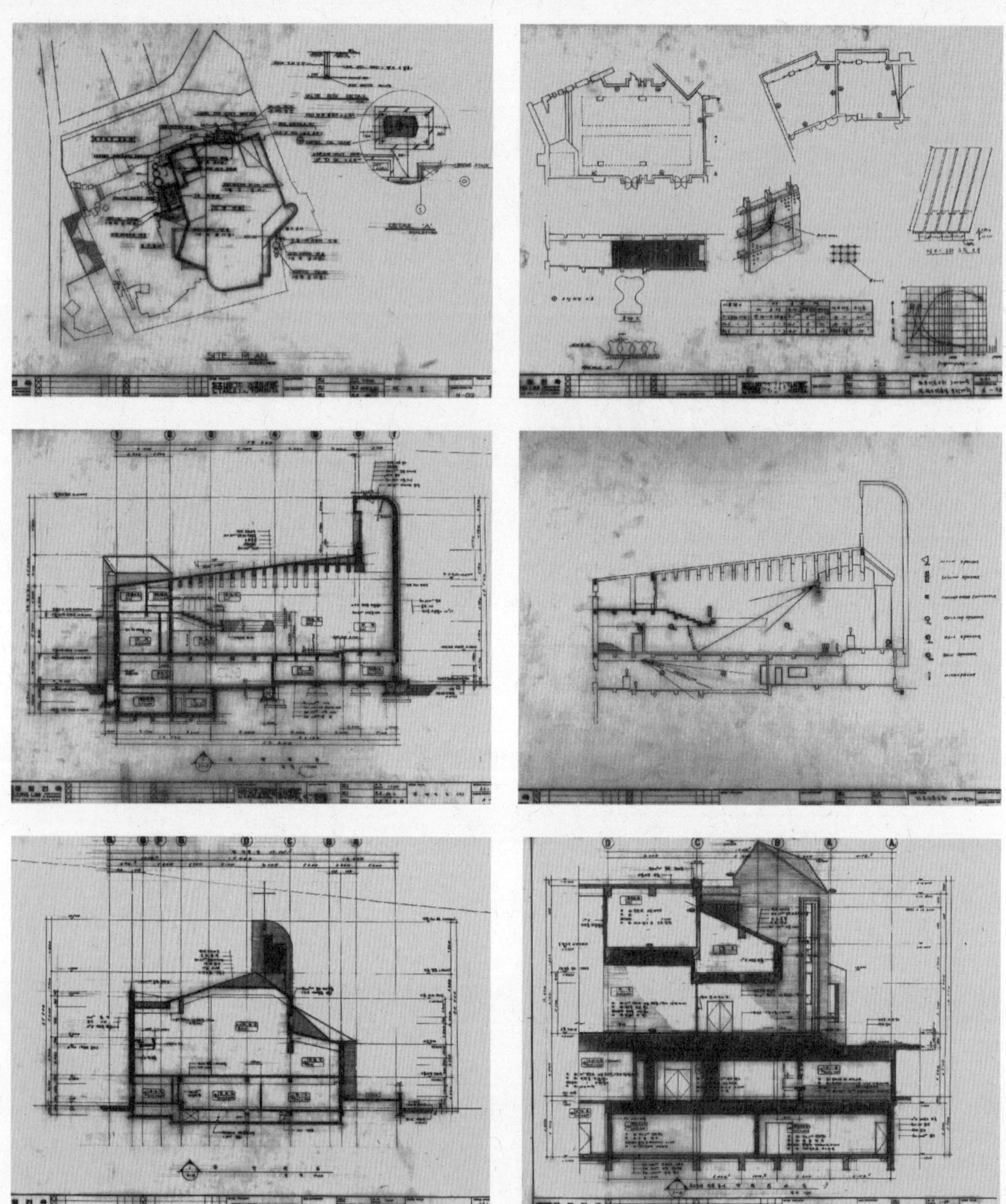

단면도 및 상세 도면

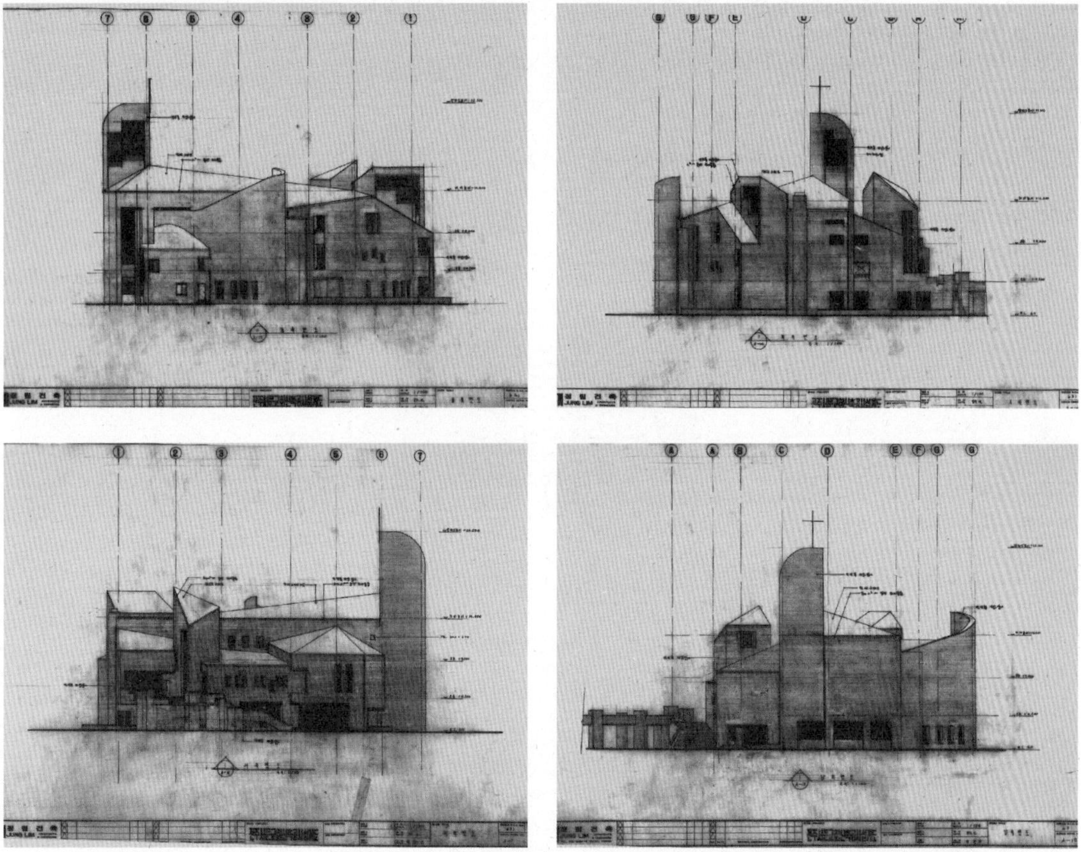

입면도

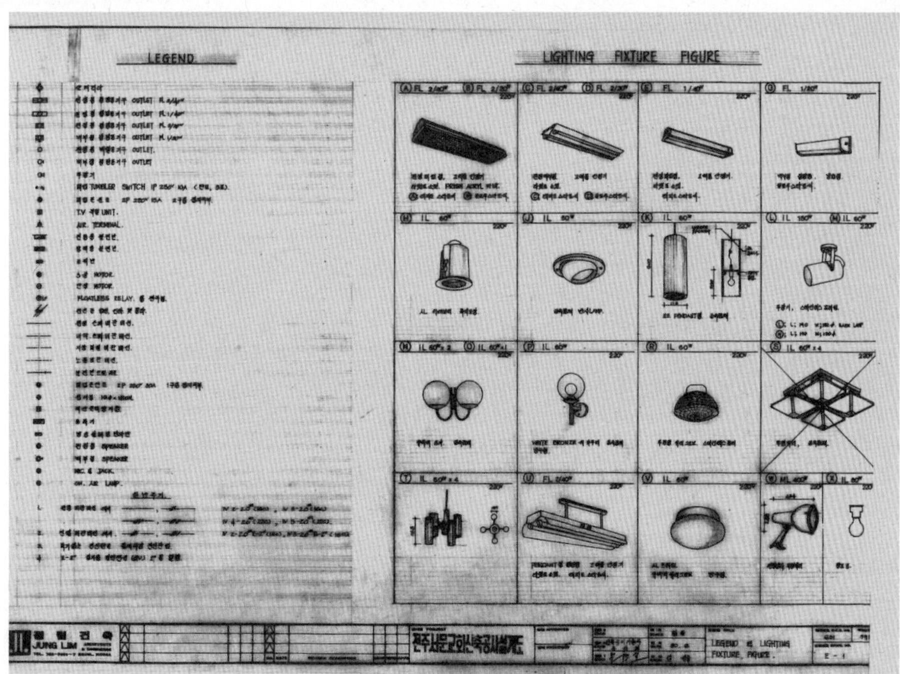

조명 기구 설계

로얄빌딩, 1983

세종문화회관 후면 광장에 면해 있으며 도심지 환경을 개선하고자 하는 서울시 재개발사업의 하나이다. 사업성 제고를 위해 사선제한의 범위 내에서 최대한의 용적을 확보했으며, 이로 인해 불균형해진 건물 외곽선을 전체적 매스 표현의 정제를 통해 해결했다. 선명하고 대담한 색상의 외장타일과 반사유리의 대비적 질감을 교차하여 표현한 수평선의 강조를 통해 매스 전체를 결속하고 있으며, 회색의 도시환경에 생기를 불어넣는다. 외부 공간에 조화된 환경조형물은 건축과 하나가 되어 시민들에게 친근감을 주는 환경을 만들었다.

설계	김정철, 김창일
계획담당	최태용, 김광출, 이형재
구조담당	배원태
기계담당	추영래
전기담당	문전기
위치	서울시 종로구 당주동 2호 4호의 38필지
건축면적	1,861.13㎡
연면적	33,446㎡
규모	지하 4층, 지상 14층, 옥탑 2층
구조	철골철근콘크리트조
주요설비	중앙공급 냉난방, GAS 냉온수기
외부마감	PC판 위 자기질 타일, 알루미늄새시(프로로폰), 열선반사유리
내부마감	대리석, 화강석, 암면흡음텍스, 비닐카페트, 수성페인트
연도	1983

북동측 전경

코너 상세

연세대학교 100주년 기념관, 1985

연세대학교 캠퍼스의 상징 축인 백양로와 광혜원 및 제각에서 연장되는 의료시설군 축이 만나는 곳에 위치한다. 역사적 의미의 성격과 주 진입로에서의 강한 정면성이 요구되었다. 박물관과 강당이라는 서로 다른 성격을 구심적인 로툰다로서 기능과 동선을 분리하고, 또한 하나의 건물이라는 공간적 일체감을 부여하도록 했다. 이 로툰다는 건물의 주 공간이며, 박물관의 홀과 강당의 로비와 함께 각종 행사가 이루어지는 복합적 기념성을 표출하고자 했다. 외관은 화강석을 정교히 다듬어 사용했고, 중앙에 유리 부분을 강조하여 기념성과 격조를 높이면서 흡입성과 포용성을 갖도록 디자인했다.

설계	김정철, 김창일
설계자	채재학
위치	서울시 서대문구 신촌동 연세대학교 내
대지면적	11,048m²
건축면적	3,110.41m²
연면적	9,907.91m² (or 9,908m²)
규모	지하 1층, 지상 3층
구조	철근콘크리트조, 철골트러스조
외부마감	화강석 버너구이 및 혹두기
연도	1985
설계기간	1985.11-1986.6
준공	1988.3

VISUAL PASS
ALT-1
CONCERT HALL
ALT-2
CONCOURSE
MUSEUM
CONCERT HALL
MAIN ACCESS
ALT-3
CONCERT HALL
MUSEUM
PLAZA
AXIS

CONCERT HALL
MUSEUM
PLAZA
PARKING
MAIN ACCESS

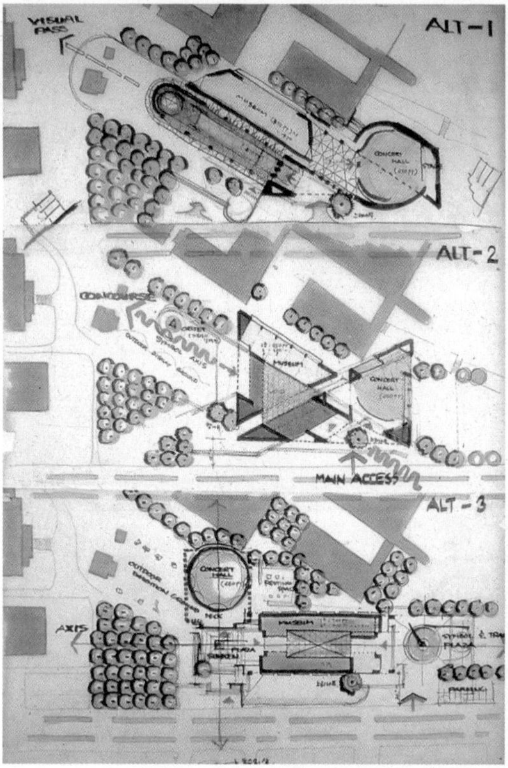

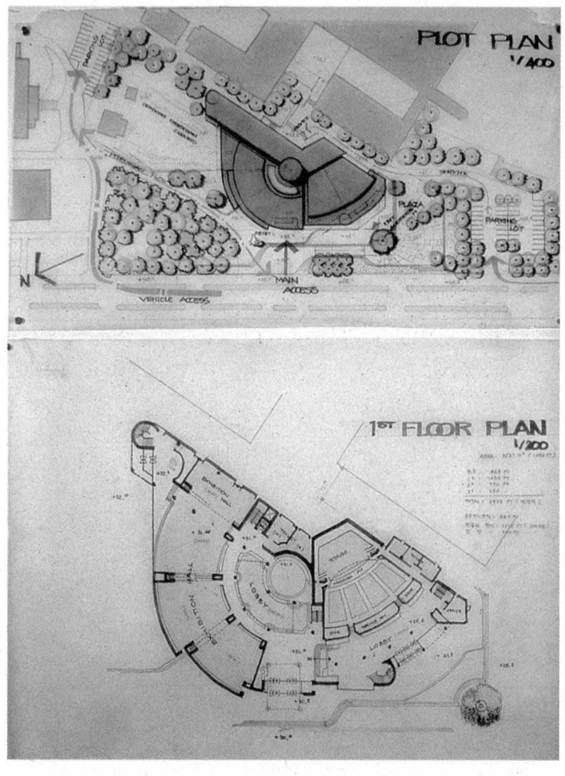

PLOT PLAN
1/400
PLAZA
PARKING LOT
MAIN ACCESS
VEHICLE ACCESS
N
1ST FLOOR PLAN
1/200
LOBBY
HALL

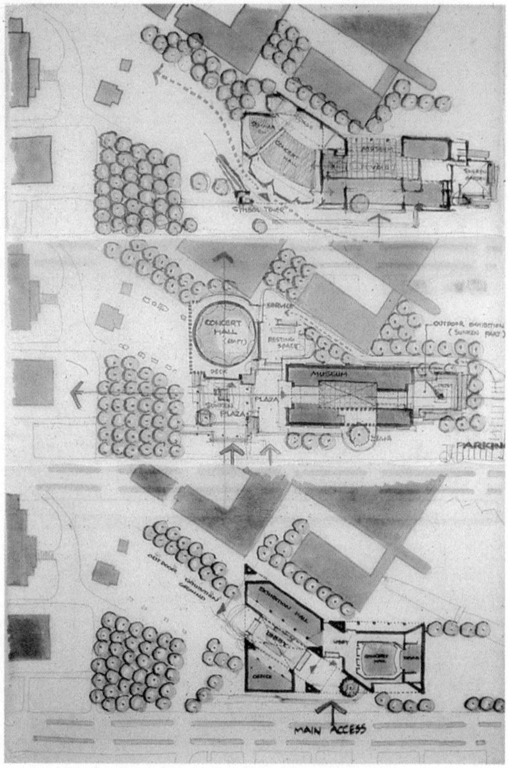

평면 계획 스케치

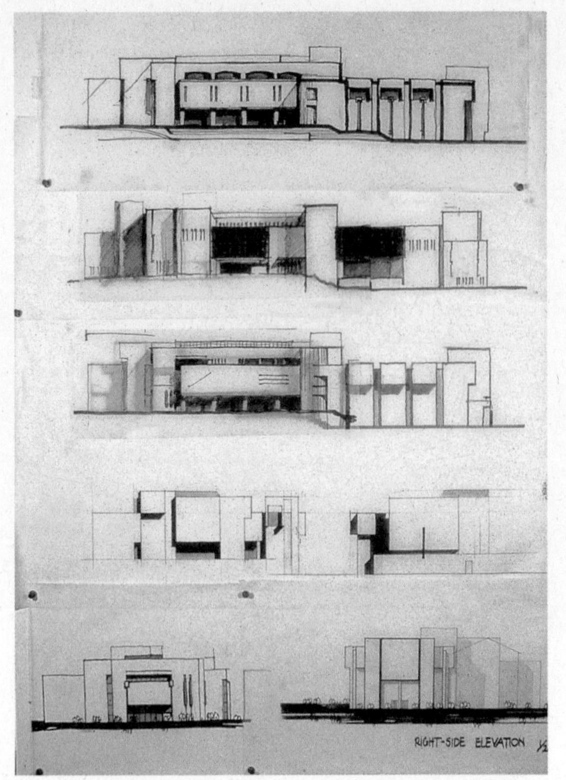

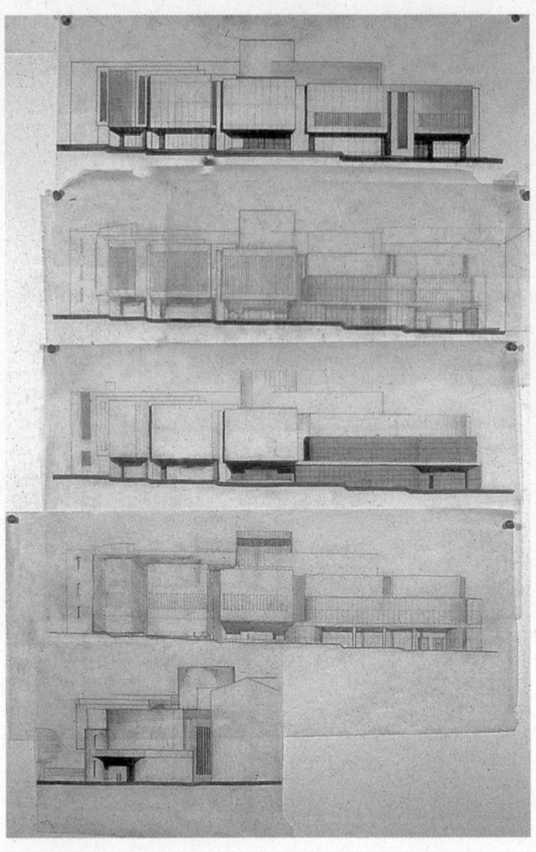

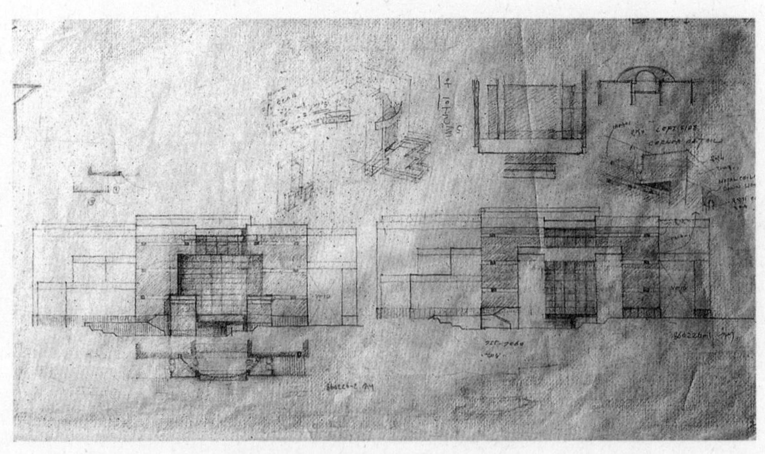

입면 계획 스케치

투시도

콘서트홀 메인 로비 스케치

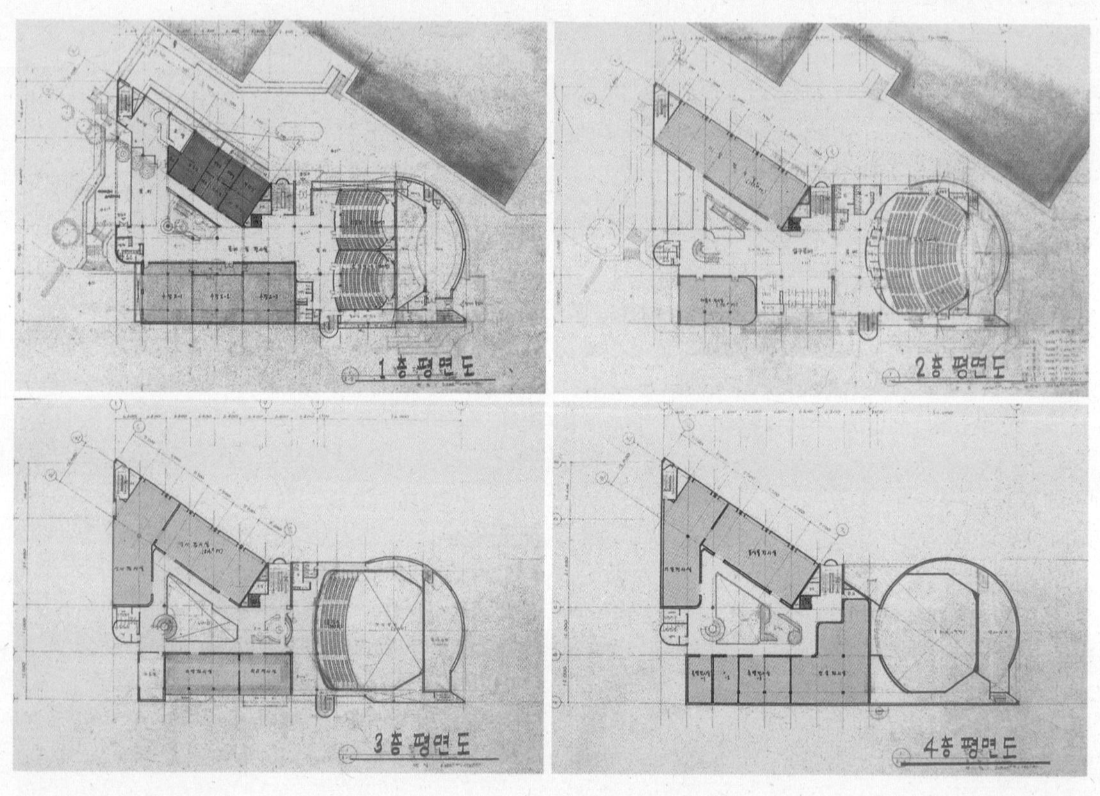

디자인 발전 단계 평면 계획

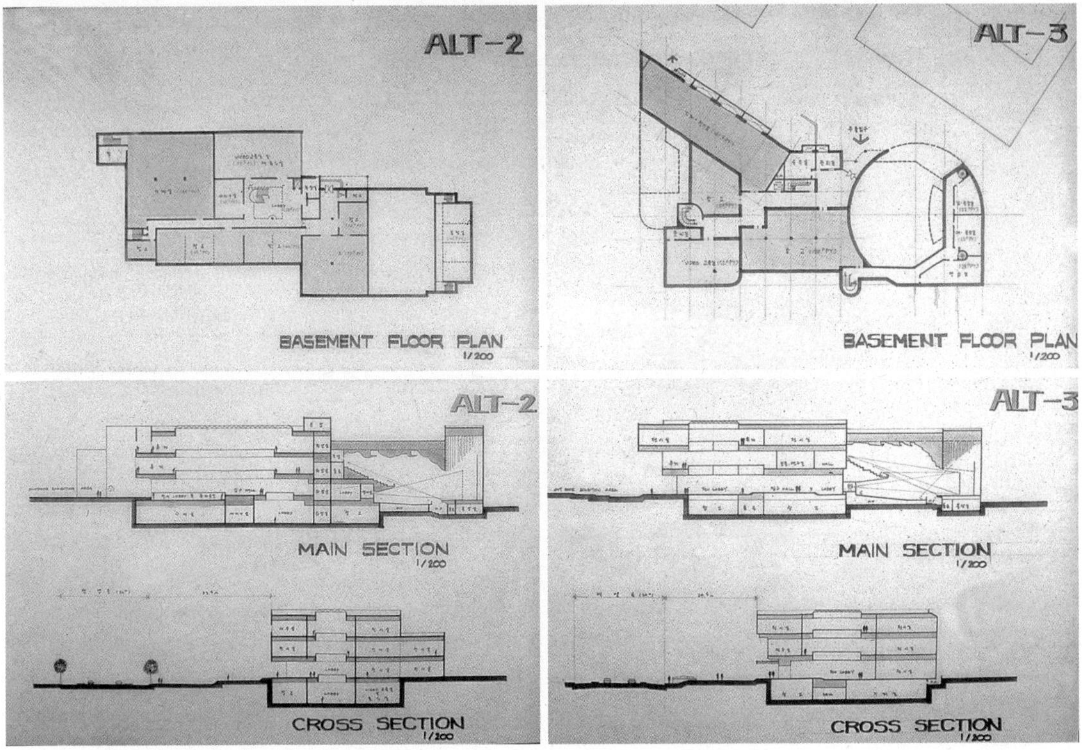

ALT-2
BASEMENT FLOOR PLAN
1/200
ALT-3
BASEMENT FLOOR PLAN
1/200
ALT-2
MAIN SECTION
1/200
CROSS SECTION
1/200
ALT-3
MAIN SECTION
1/200
CROSS SECTION
1/200

디자인 발전 단계 평면 및 단면 계획

3RD
2ND
1ST
B1
옥외전시장
전시실
홀
휴게
강당로비
리셉션 및 전시홀
로비
영사
객석
박물관 관련실
기계, 전기실
무대
리허설
S= 1: 200

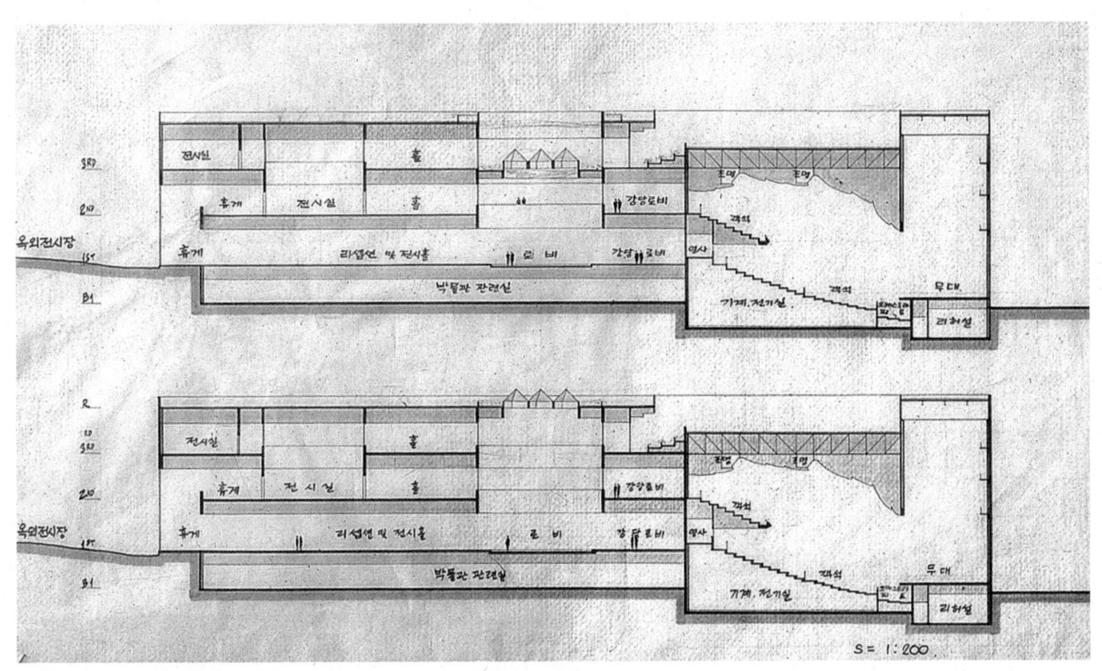

디자인 발전 단계 단면 계획

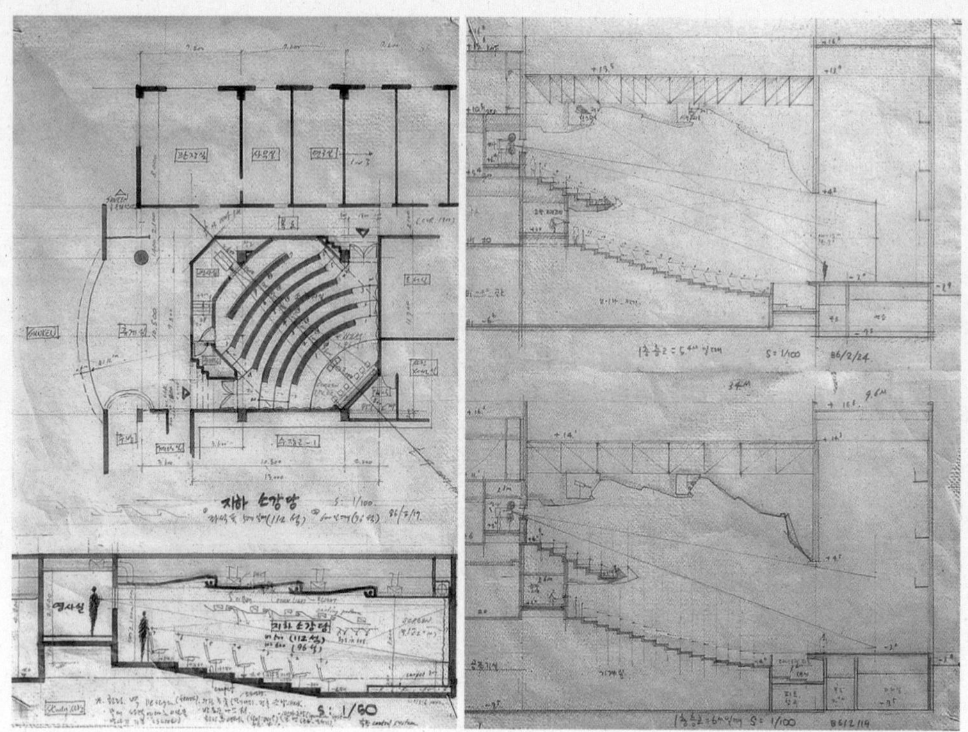

콘서트홀 평면 및 단면 스터디

남측 입면도

투시도

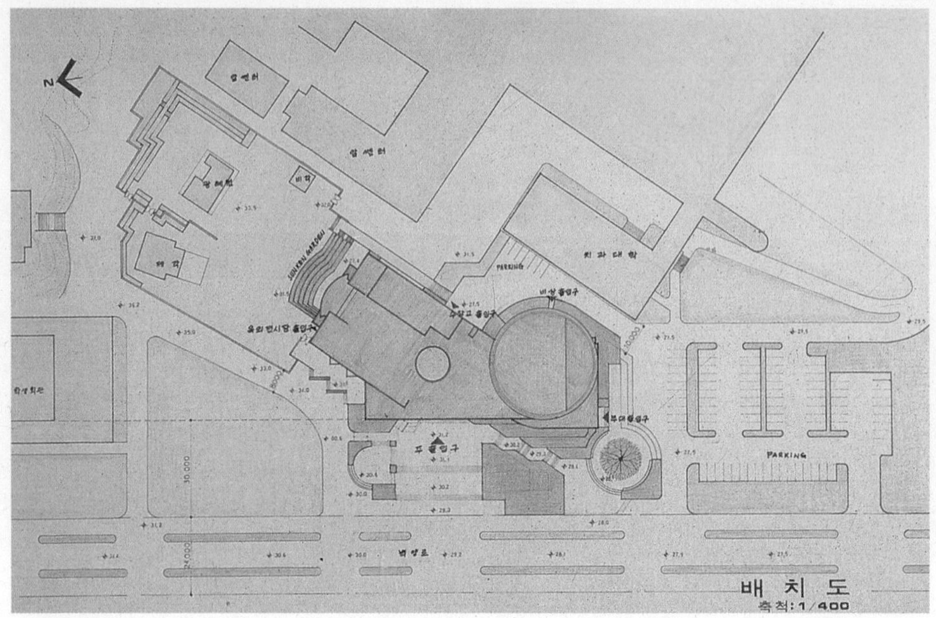

배치도

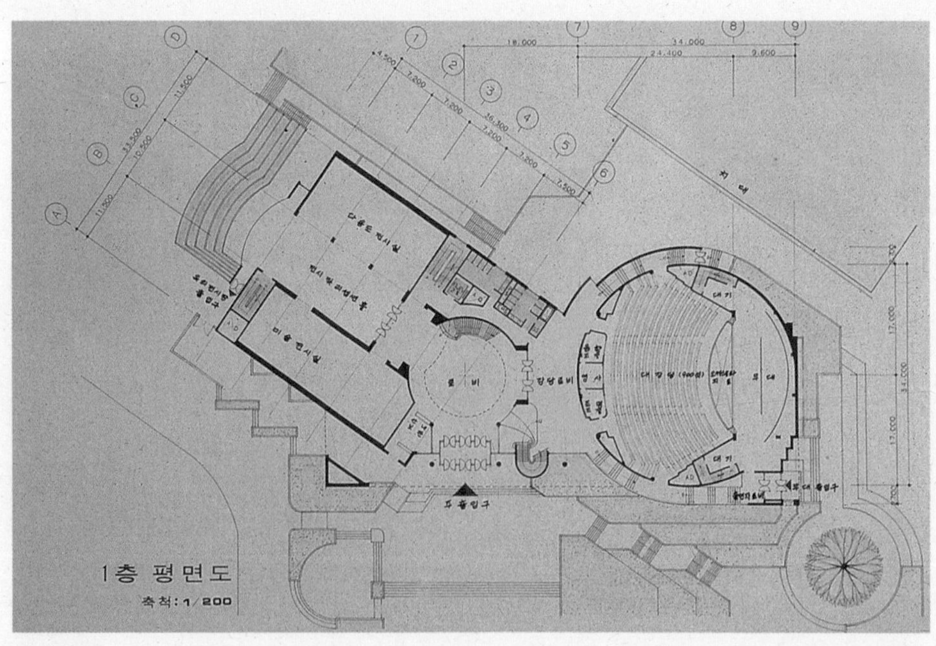

1층 평면도

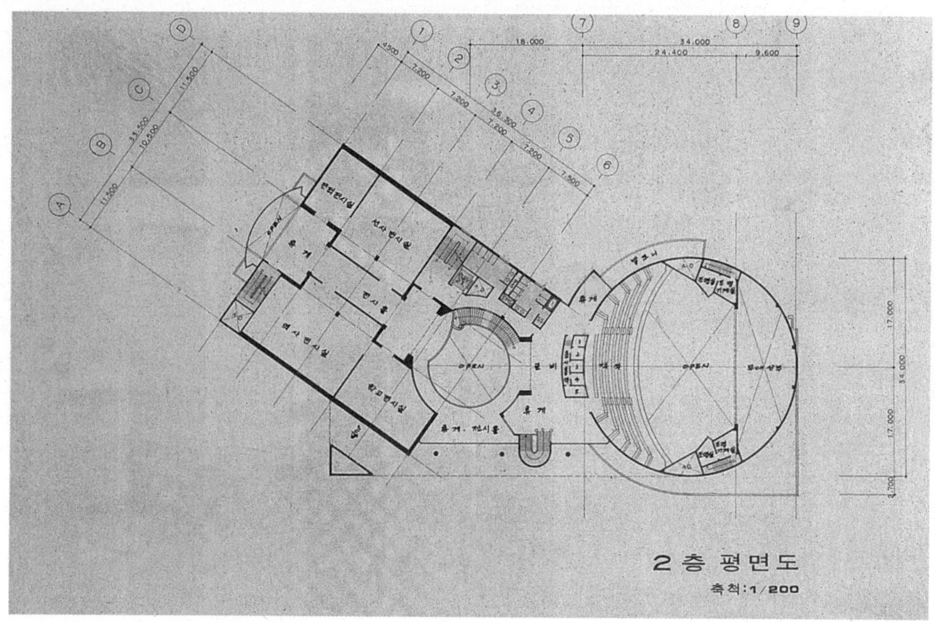

2층 평면도

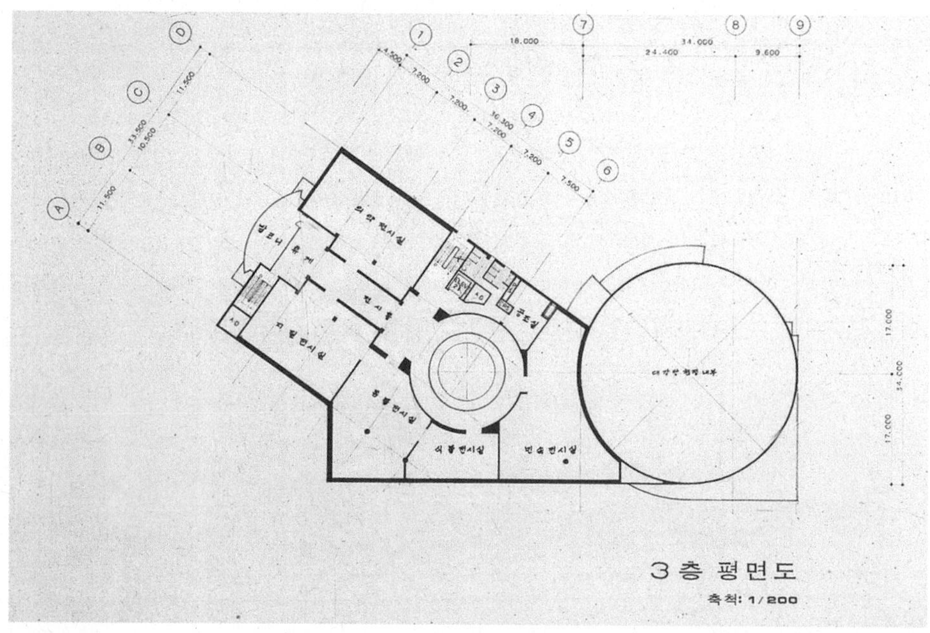

3층 평면도

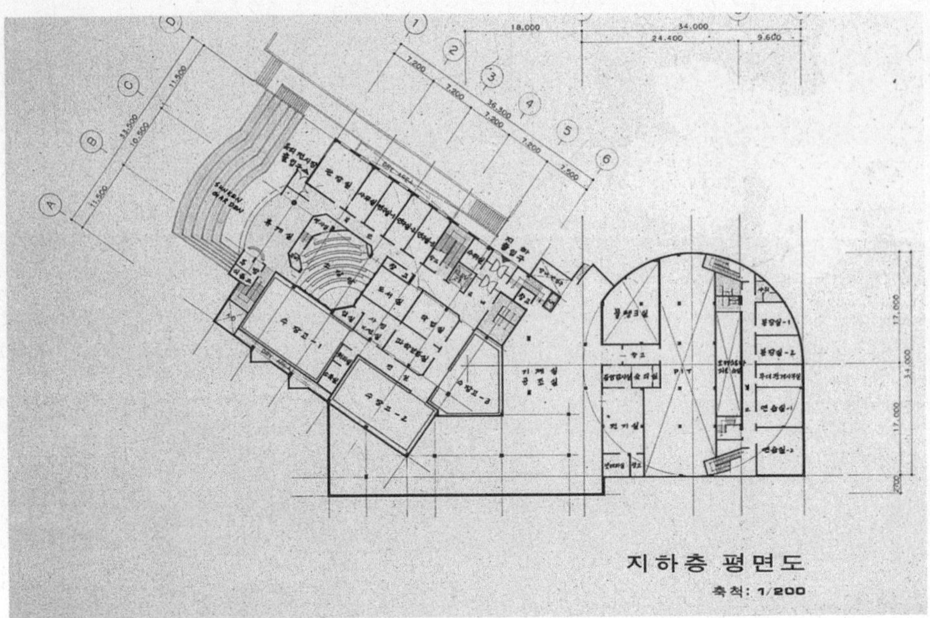

지하층 평면도

최종안 투시도

메인 로비

출입구

외벽 상세

기독교 100주년 순교자 기념관, 1987

건물이 자리 잡은 지역은 용인군(당시) 내로서 전형적인 우리나라의 산지 지형을 이룬 곳이며, 약 1.5km의 골짜기 진입로를 지나야 비로소 건물이 보이게 되는 산속이다. 건축계획의 기본 목표는 순교신앙의 전승이라는 건립목적을 이루기 위해 이 장소가 종교적 잠재력을 갖도록 하는 것이었으며, 건축적으로 집약된 표현성을 갖도록 하는 것이었다.
건축 계획의 주제는 점증의 개념과 구심적 의미인데, 점증의 개념은 공간적 표현으로는 완만한 오름 경사를 갖는 진입로를 전이 공간으로 하여 전면 광장에 이르게 되며, 이어지는 축선 상의 입구를 통해 진입하게 되면 건물의 중심부인 홀이 나타나며 이 공간은 수직적 형태를 가지면서 위로 열려 하늘과 만난다.
건물 내부의 모든 공간을 수평적, 수직적으로 하나로 엮는 구심적 공간으로 형상화했고, 단순한 형태로 비어 있게 함으로써 순교 정신을 암시적으로 표현토록 했다. 조형에서의 점증 개념을 위해 자연적으로 마무리된 기단에서부터 상부의 천창에 이르는 과정의 모든 벽면이 뒤물림과 점차 작아지면서 하나로 모아짐으로 표현하였으며 각 위상에서의 벽면이 순교자 기념관으로서의 메시지를 줄 수 있기를 기대했다. 내부는 전시 및 집회 공간으로 이루어져 있으며, 연결계단을 중심 공간 주변에 두어 일관된 분위기 속에서 각 기능 공간으로 연결되도록 했다.

설계	김정철, 김진구
위치	경기도 용인군 내사면
대지면적	55,070m^2
건축면적	546.8m^2
연면적	1,107.1m^2 (or 1,167m^2)
규모	지상 3층
구조	철근콘크리트조
외부마감	제물치장콘크리트 (노출콘크리트)
연도	1987

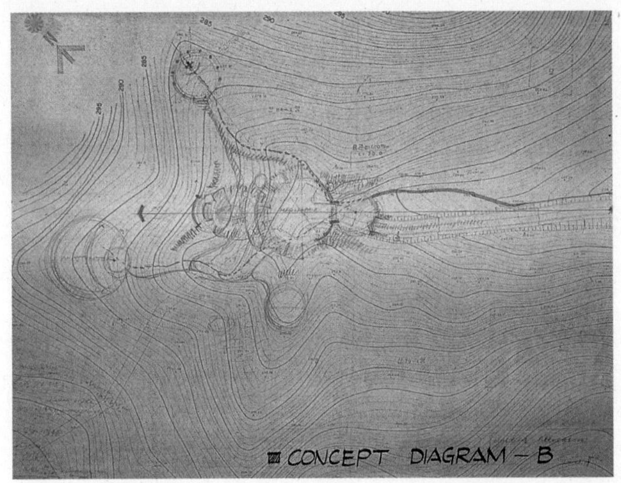

배치 다이어그램

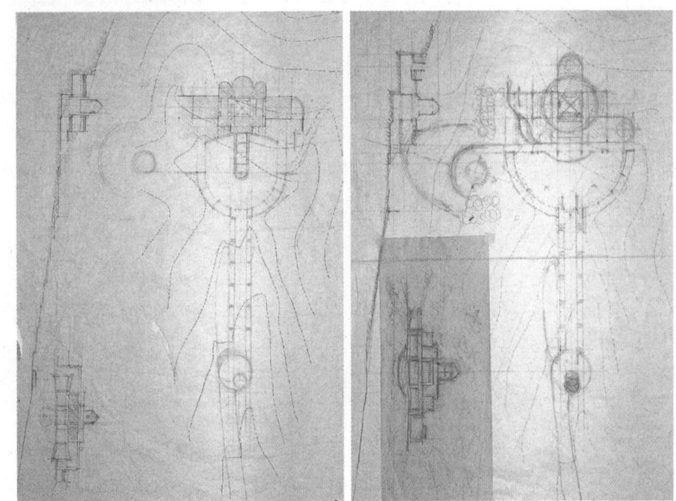

배치 스케치

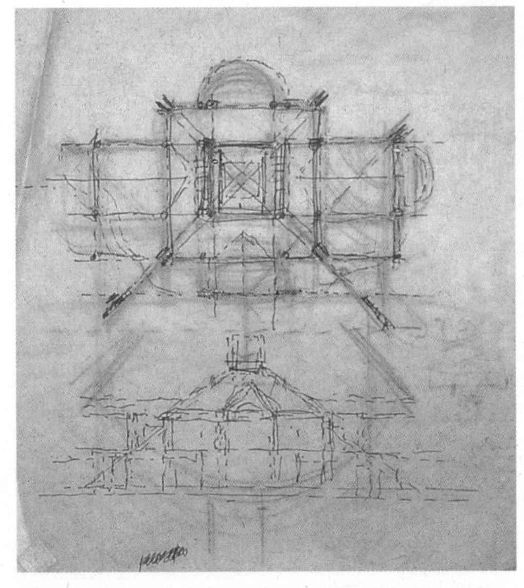

평면 및 입면 스케치

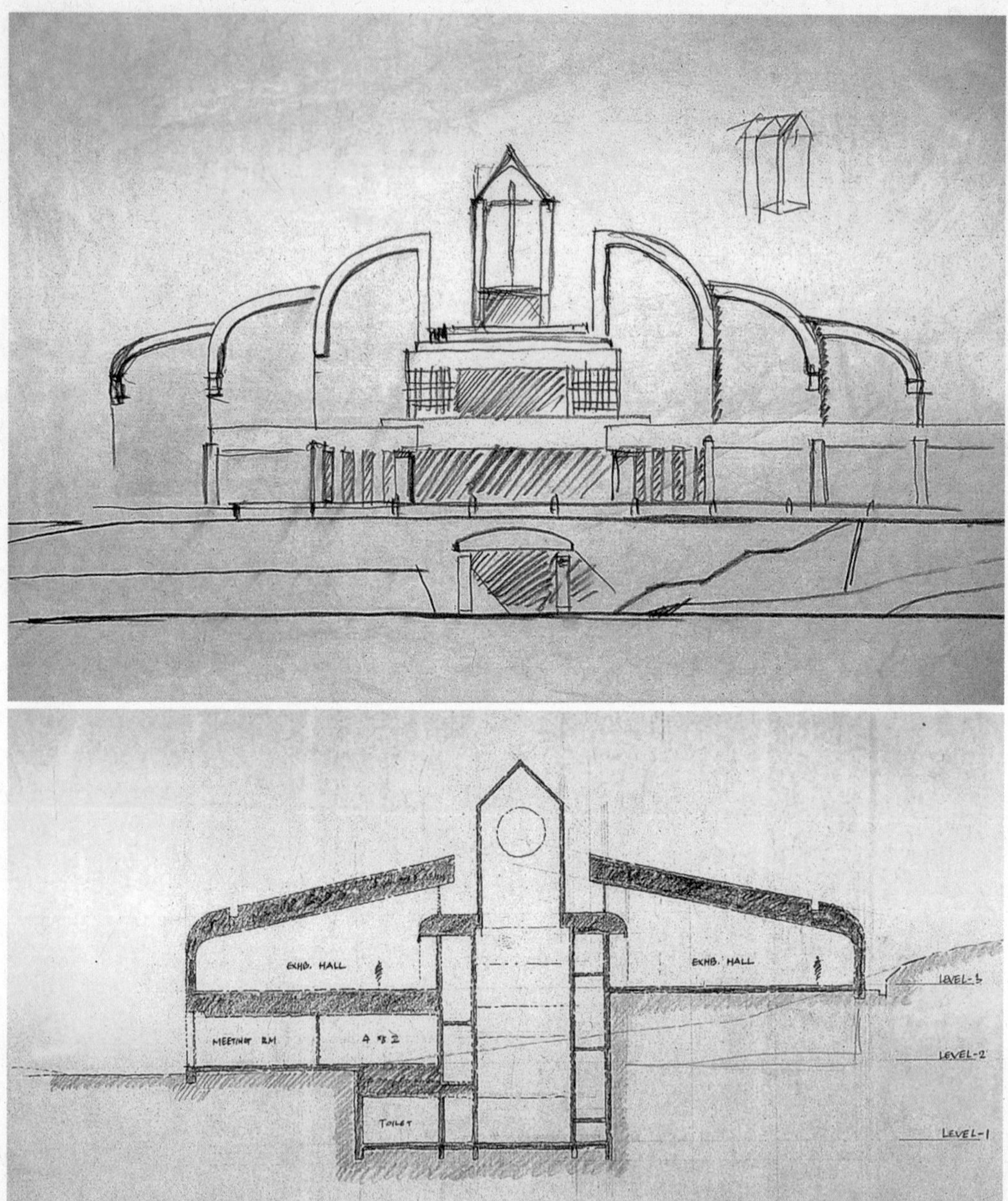

단면 스터디 스케치

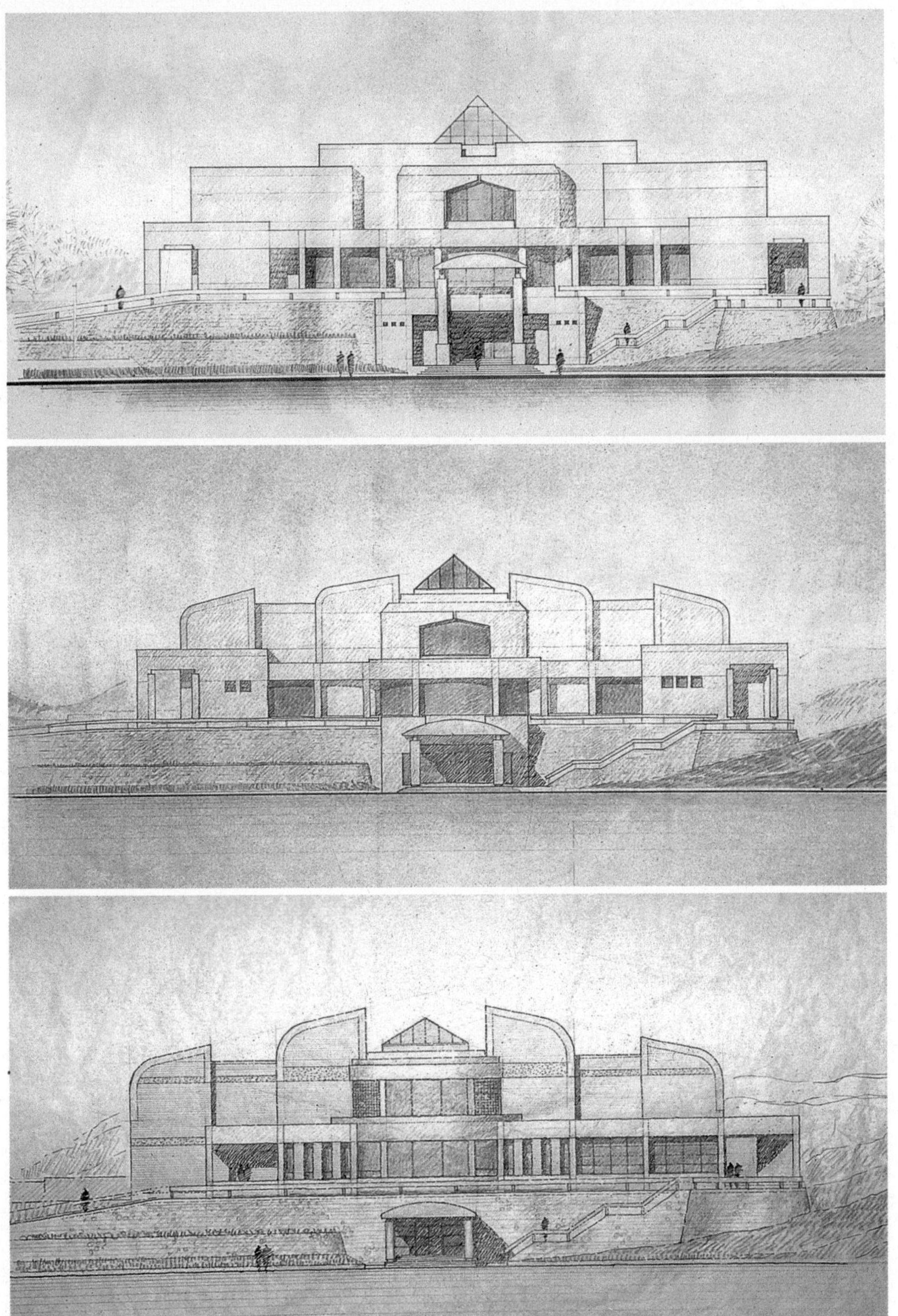

입면 스터디 스케치

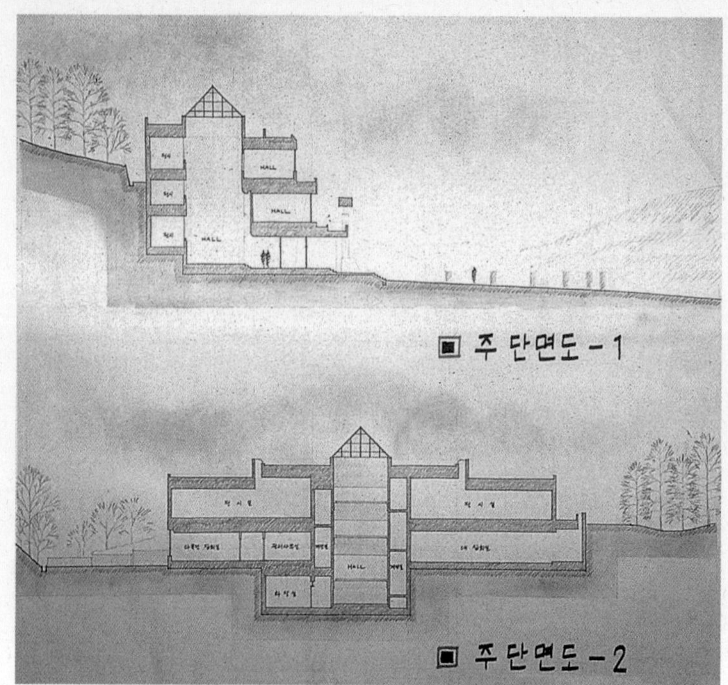

종, 횡 단면도

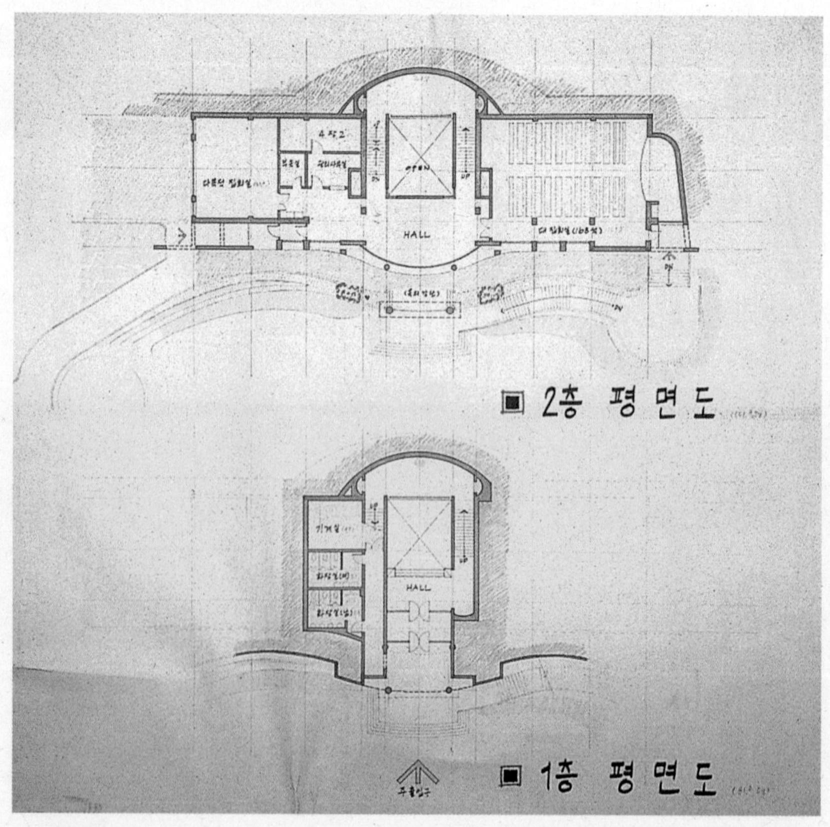

1, 2층 평면도

투시도

로비 2층 난간부

로비 벽 디테일

주 출입구

서울대학교 선경경영관, 1988

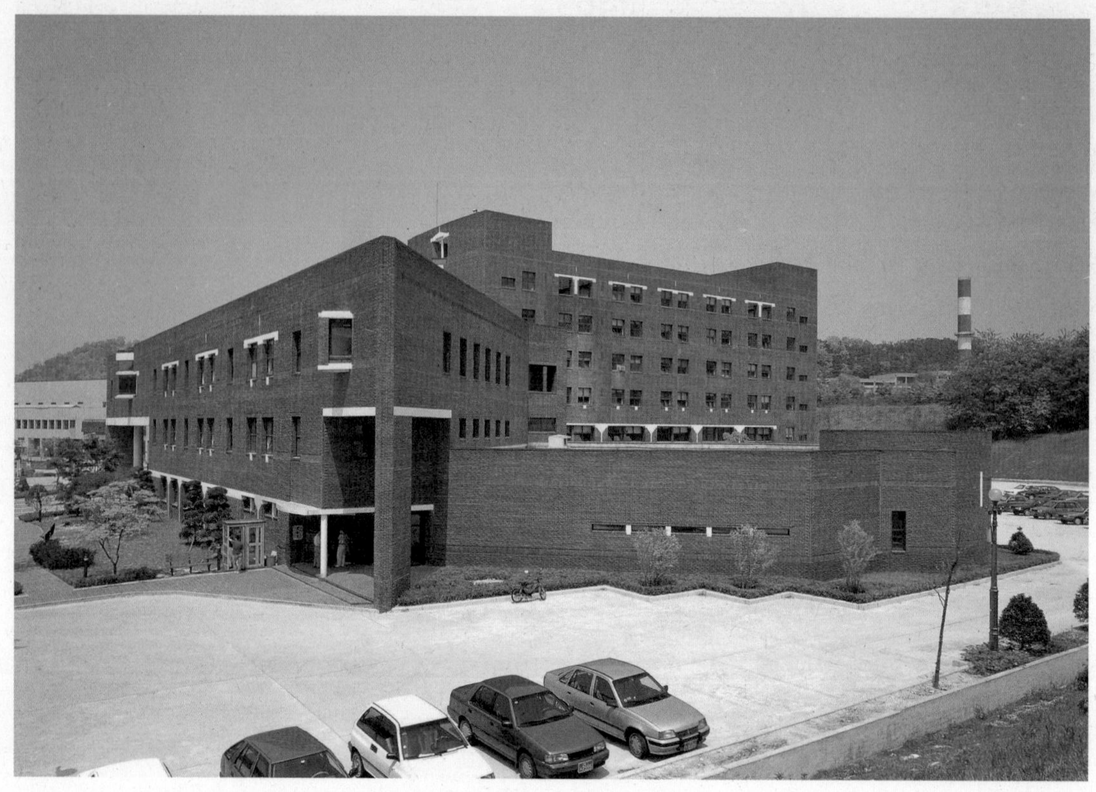

서울대학교 선경경영관은 1980년대 정림의 주요한 디자인 유형 중 하나다. 차분하고 인간적인 스케일이 어울리는 교육 시설의 차분한 분위기와 스케일에 적합한 붉은 벽돌을 적용했고, 이는 영락고교 교사동(1981)에서도 사용한 바 있다. 창호 디테일에 의장적 요소를 도입하되, 과장된 형태나 고전적 요소의 직접적인 차용보다 디테일의 레벨에서 포스트모더니즘적 이미지를 도입했다.

위치	서울시 관악구 서울대학교 내
규모	지하 1층, 지상 6층
연도	1988

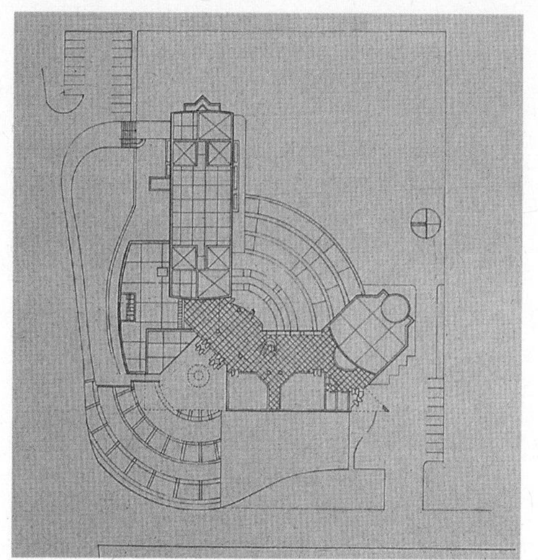

평면도

창호 상세

투시도

정림건축
작품연보
1967–1987

1967년
서울여자대학(강당, 학장공관), 서울
대광고등학교(과학관, 강당), 서울
나진산업 용산 화물센터(계획안), 서울
운화교회, 서울
일신방직공장, 인천
금호동 H씨댁, 서울

1968년
부산은행 충무동 지점, 부산
한국은행 광주 지점, 광주
한국외환은행 대구 지점, 대구
정원여자중학교 교사, 서울
서울여자대학 기숙사, 서울
경복교회, 서울
보성여자고등학교 과학관, 서울
문화아파트, 서울
균명중고교 교사, 서울
보성여자고등학교 마스터플랜, 서울
한국정유공업공장 본관, 서울
문성여자고등학교 교사, 서울
한국은행 춘천 지점 합숙소, 춘천시
화랑국민학교 교사, 서울

1969년
충주비료 독신료, 충주시
한국외환은행 부산 지점, 부산
숭실중고등학교 교사, 서울
대성목재공업 월미 합판공장, 인천
대한전선콘덴서공장, PEX 공장, 서울
부산은행 본점(계획안), 부산
한국외환은행 부산 독신료, 부산
한국외환은행 대구 독신료, 대구
삼안빌딩(계획안), 서울

1969 한국외환은행 부산지점

1970 부산은행 범일동 지점

1970년
대구은행 대명동 지점, 대구
부산은행 범일동 지점, 부산
예일여자중고등학교 교사, 서울
한양화학 사택단지, 울산
회현아파트, 서울
루터란교회, 서울
대구은행 행장공관, 대구
동숭교회, 서울
대성목재 V.C. 공장, 인천
예일여자고등학교 부속유치원, 서울
대광중고등학교 체육관, 서울
흥국상사 정비고, 주유소, 부평
모토로라틴프레이팅공장, 서울
보성여자중고등학교(강당, 본관), 서울
성산동 L씨댁, 서울
녹번동 Y씨댁, 서울
연희동 L씨댁, 서울

1970 모토로라 공장

1971년
동서석유화학 사택, 울산
흥국상사 부산 지사, 부산
부산시박물관(계획안), 부산
운화국민학교 교사, 서울
중앙교회, 서울
한양화학(행정건물, 식당, 부속건물) 울산
한국강관 영등포공장, 서울
김안과병원(증축), 서울
정릉 J씨댁, 서울
연희동 Y씨댁, 서울
세검정 P씨댁, 서울

1972년
한양화학 사택, 울산
한국은행 수원 지점, 수원
제분회관, 서울
한국신탁은행 광주 지점, 광주
동대문감리교회, 서울
거창고등학교(과학관, 직업보도관, 체육관, 기숙사), 거창군
한국주택은행 광주 지점, 광주
숭실여고 교사, 서울
등촌동 C씨댁, 서울

1973년
중소기업은행 포항 지점, 포항
한국주택은행 성남출장소, 성남
제주성안교회, 제주
한국카프로락탐(행정건물, 부대시설), 울산
한국강관 인천공장, 인천
한국주택개발 암사동 주택단지, 서울
한국외환은행 본점(현상설계), 서울
연희동 K씨댁, 서울
성산동 M씨댁, 서울
정릉 K씨댁, 서울

1974년
플라자호텔(일본 대성건설과 협동설계), 서울
삼양사 본사 사옥, 서울
한국강관 본사 사옥, 서울
한국신탁은행 본점(설계완료), 서울
동서선교문화센터(계획안), 시흥
한국모토로라공장, 서울
남해화학공장, 여수
동산빌딩(현상설계), 서울
동교동 J씨댁, 서울
평창동 S씨댁, 서울
북아현동 K씨댁, 서울
후암교회사택, 서울
동교동 L씨댁, 서울

1975년
정림아파트, 서울
한국엔지니어클럽회관(계획안), 서울
한국주택은행 여수 지점, 여수
한국주택은행 수원 지점, 수원
한국주택은행 대구 공평동 지점, 대구
한국주택은행 영등포 지점, 서울
한국은행 대전 지점, 대전
정림건축 본사 사옥, 서울
중소기업은행 광주 지점, 광주
한국외환은행 실내체육관, 경기도 신갈
신동아아파트, 서울
한국은행 본점(현상설계), 서울
대연동 L씨댁, 서울
환일빌딩, 서울
청운동 C씨댁, 서울
상도동 K씨댁, 서울

1974 플라자호텔

1974 삼양사 사옥

1976년
코오롱호텔, 경주
한국신탁은행 대구 지점, 대구
한국신탁은행 춘천 지점, 춘천
중소기업은행 부산 북지점, 부산
한국은행 대구 지점(증축), 대구
한국장기신용은행 본점, 서울
한국은행 마산 지점, 마산
삼양사 대구 지사, 대구
한국주택은행 갈현동 지점, 서울
한양화학 여천공장, 전남 여천
한양화학 & Dow Chemical 사택단지, 전남 여천
Jeddah Housing, Saudi
한국전력 본사 사옥(현상설계), 서울
평창동 K씨댁, 서울

1977년
한국외환은행 인천 직원합숙소, 인천
서울신탁은행 광안동 지점, 부산
서울신탁은행 신설동 지점, 서울
한국외환은행 서소문 지점, 서울
제일은행 중량교 지점, 서울
한국 Gideon 협회 회관, 서울
여의도 증권센터(설계완료), 서울
대구은행 서울 합숙소, 서울
한국금융연수원, 서울
충남대학교 기초과학관(계획설계), 충남 대덕
수산업협동조합 인천 연수원, 인천
예일여자고등학교 생활관, 서울
대광고등학교 생활관, 서울
호남석유화학 여천공장, 전남 여천
동아제약 안양공장, 경기도 안양
성수아파트단지, 서울
신교동주택, 서울
임시행정수도계획, 서울
창원준공업지역 내 시설물 배치계획, 창원

1978년

삼성조선호텔(계획안), 경남 거제군
삼성조선연립주택단지(계획안), 경남 거제군
대한주택공사 둔촌, 도곡동아파트, 서울
반포동 연립주택, 서울
서울상공회의소회관(실시설계), 서울
삼양사 대전 지사, 대전
서울신탁은행 군산 지점, 전북 군산
한국외환은행 침산동 지점, 대구
성내동 병원, 서울
세광장로교회, 서울
예일여자고등학교 교사(증축), 서울
창원 정림아파트, 경남 창원
제2정부종합청사(현상설계), 과천
영동 L씨댁, 서울
정릉 L씨댁, 서울
한국모토로라공장(창고증축), 서울
호남석유화학 여천 사택(증축), 전남 여천
2000년대 주택계획
동숭동 J씨댁, 서울
서초동 M씨댁, 서울
청담동 C씨댁, 서울
정릉 C씨댁, 서울
제일은행 대구 지점, 대구
다보호스텔(증개축 계획안), 대구
창원유통업무지구계획, 경남 창원
한국금융단 연수원(실내장식), 경남 창원
한국외환은행 본점(설계변경), 서울
구산동 Y씨댁, 서울

1978 썬 빌리지

1979년
장수대호텔(실시설계), 강원
한남외인아파트(고층 아파트, 코미서리), 서울
영동 S빌딩, 서울
사학연금회관, 서울
서울신탁은행 연산동 지점, 부산
대준빌딩, 서울
서울시립산업대학 강당, 서울
한국야쿠르트 새마을회관, 경기 평택
후암교회 청평 수양관(계획안), 경기 청평
금융단 새마을 연수원(계획안), 인천
국제선교회관, 경기
호남석유화학(사택단지 내 어린이회관) 전남 여천
목포중앙교회(계획안), 목포
호중화확 평택공장, 경기 평택
비락 양산공장, 경남 양산
예일여자고등학교(특별교실), 서울
한국외환은행(prototype), 서울
성북동 S씨댁, 서울
도시형 단독주택 표준설계, 서울
창원시청(조경, 분수) 경남 창원
역삼동 H씨댁, 서울
한국주택은행 광주 지점, 광주
학술원 · 예술원 청사(현상설계), 서울
신도시 중심상업지구 계획안

1979 외인아파트(초기안과 전경)

1980년
대한주택공사 과천아파트(고층 아파트), 과천
Agua Salada 주택단지(계획안), Venezuela
Saudi Steel Pipe Co.Ltd.
(공장, 주택단지, 실시설계), Saudi
동숭동 K씨댁, 서울
사우디대사관(계획안), 서울
방배동 주택, 서울
한국주택은행 창원 지점, 경남 창원
대웅제약 본사 사옥, 서울
한국외환은행 창원 지점, 경남 창원
국제경제연구원청사(현상설계), 과천
한국산업은행 창원 지점, 경남 창원
고려대학교 조치원 캠퍼스(사회과학관), 충남 조치원
서울여자대학 여성회관(실시설계), 서울
서울여자대학(과학관, 도서관), 서울
예일빌딩, 서울
중소기업은행 합숙소, 인천
구세군 부평직업훈련원, 인천
부산 3.1교회, 부산
서울대학교 강당(현상설계), 서울
풍만제지조치원공장, 충남 조치원
고려대학교 구로병원, 서울
고려대학교 반월병원, 경기 반월
고려대학교 여주병원, 경기 여주
합정동호텔, 서울
인천희망상가(증축), 인천
한국산업은행연수원(실내장식), 광주
한국외환은행 풍남동 합숙소(현상설계), 서울

1981 영락고등학교 교사동

1981
태능선수촌 남자 합숙소, 서울
역삼동 A씨댁, 서울
삼화호텔, 서울
Braidah Housing(계획안), Saudi
S.A.N.G. Housing(계획안), Saudi
대한체육회종합운동장 마스터플랜, 서울
충북지사공관(설계완료), 충북 청주
건설공제조합 광주 지사, 광주
한일은행 부산 지점, 부산
서울여자대학 체육관, 서울
서울시립산업대학 인문사회관, 서울
영락고등학교 교사, 서울
모토로라코리아공장(증축), 서울
한스제약 신갈공장, 경기 신갈
평창동 K씨댁, 서울
공덕동 K씨댁, 서울
코리아헤럴드사옥, 서울
삼양사 광주 지사, 광주
증권업협회회관, 서울
한국산업은행 대전공관, 대전
한국기독교 100주년 기념관, 서울(?)
성북동 J씨댁, 서울
중소기업은행 인천 합숙소, 인천
서울국제무역박람회관, 서울
장로회신학대학 종합관, 서울
한국강관사옥, 서울
조달청청사(현상설계), 서울
경남도청, 경찰국(현상설계), 경남 창원
합의지원청사(현상설계), 경남 창원

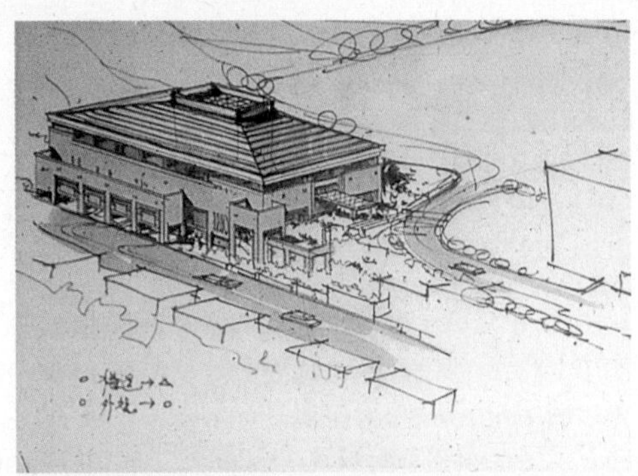

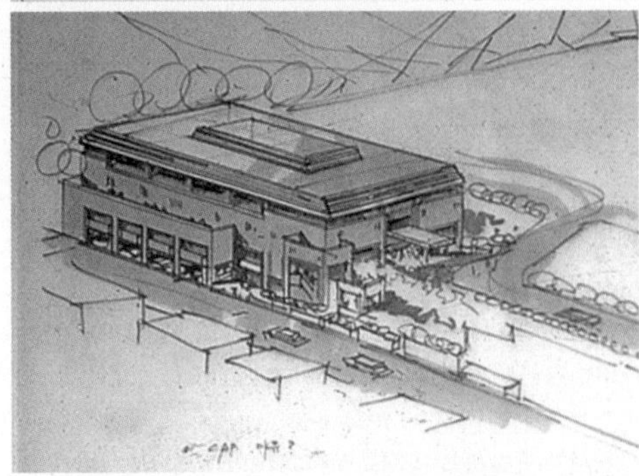

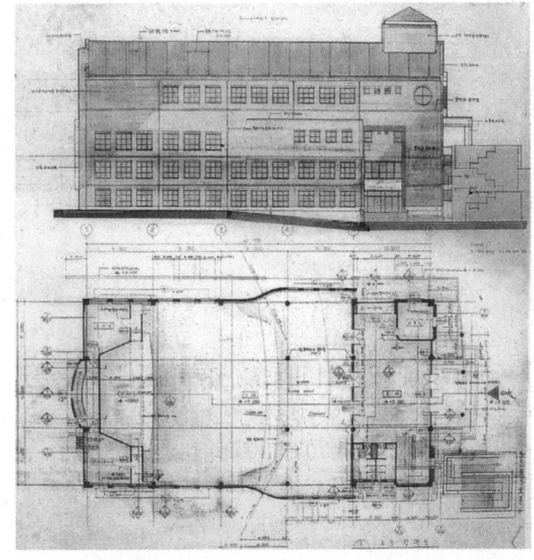

1981 영락고등학교 강당

1982

학동 P씨댁, 서울
한국외환은행 인천 남지점, 인천
연세대학교 매지캠퍼스(마스터플랜, 인문관, 자연관,
남자 기숙사, 여자 기숙사, 게스트하우스, 도서관),
강원 매지
구세군 사관학교, 과천
한국은행 울산 지점 및 울산 합숙소, 울산
루터신학교(마스터플랜, 본관), 용인
흥덕개발사옥(설계완료), 서울
한국야쿠르트 이천공장, 이천
영동 N빌딩, 서울
풍만제지 조치원공장(증축), 충남 조치원
이화여자대학교 도예관(증축), 서울
이화여자대학교 부속중학교(증축), 서울
제일은행 대연동 지점, 부산
광덕빌딩, 서울
한국강관 사무실, 인천
제일은행 전산센터(현상설계), 서울
대구종합문화회관(현상설계), 대구
한스제약 신갈공장, 경기 신갈
성신여자대학교 마스터플랜(계획안), 서울

1983

한신기계 반월공장, 경기 반월
예일여자고등학교 강당, 서울
대조동 K씨댁, 서울
대동병원, 부산
돈암동 Y씨댁, 서울
연세의료원 종합관, 서울
울산투자금융사옥, 울산
베데스타 안과병원(설계완료), 서울
범양건영사옥, 서울
합동신학교 교사, 수원
한국기계연구소 연구동 및 기숙사(증축), 경남 창원
삼윤빌딩, 서울
풍림빌딩, 서울
제일은행 대구 지점, 대구
삼양사 울산사료공장, 울산
부림빌딩, 서울
삼양사 마산 사무소, 경남 마산
구로빌딩, 서울
올림픽 승마경기장 주관람대, 과천
을지로 16, 17지구 재개발(현상설계), 서울
조흥은행 전산센터(현상설계), 서울
금융연수원 일산원사(계획안), 일산
서울시청대보수공사, 서울
성북동 S씨댁, 서울

1984

등촌동 P씨댁, 서울
대한주택공사 고층 아파트(프로토타입), 서울
루터신학교(기숙사 및 사택), 용인
강릉병원(설계완료), 강릉
한국야쿠르트 이천공장 기숙사, 경기 이천
한국은행 울산 공관, 울산
한국투자신탁 광주지점, 광주
장로회신학대학(제3세계 지도자 훈련원), 서울
남서울병원, 경기 평택
Airbase Hospital, Saudi
한국야쿠르트 논산공장, 충남 논산
고려대학교 조치원 캠퍼스(제5교육동), 충남 조치원
비락 진주공장, 경남 진주
성화빌딩, 서울
연세대학교 재활원, 서울
비락 대구공장, 대구
삼양사 광주 지사 사옥(증축), 광주
삼양사 울산공장 복지회관, 울산
수유동 S씨댁, 서울
북아현동 L씨댁, 서울
중소기업회관(현상설계), 서울
기흥 C씨댁, 경기
교원공제회 신관, 서울
이화여자대학교 기숙사(증개축), 서울
백림빌딩, 서울
군산주유소(계획안), 전북 군산
제일은행 동교동 지점(대수선), 서울
아남산업 부천 반도체공장, 경기 부천
호남정유 동부주유소, 부산

1985

한국기계 대덕 선박구조 실험동, 춘남 대덕군
충주경찰학교(마스터플랜, 본관, 강의동, 식당동, 학생회관, 생활관, 체육관, 부속건물), 충북 수안보
목동지구 9공구 아파트, 서울
한국야쿠르트 김해공장, 경남 김해
태능선수회관, 서울
육사교회, 서울
비락 김해공장, 경남 김해
이화여자대학교 가정관, 서울
정신질환자요양소, 용인
영동세브란스병원(증축), 서울
국민은행 연수원(마스터플랜, 강의동, 숙소, 대강당, 부속건물), 경기 안산
한국무역센터(N.S., 원도시, 협동설계, 사무동, 전시동, 공용시설), 서울
이화여자대학교 사범대학(증축), 동창회관(증축), 서울
한전 부산 지사, 부산
경수투자금융 사옥, 수원
문화방송 여의도 스튜디오(증축), 서울
한국야쿠르트 이천공장 복지시설, 경기 이천
한국투자신탁 전산센터(용도변경), 서울
조선일보 사옥(현상설계), 서울
상허기념도서관(현상설계), 서울
한국투자신탁 개포 지점, 서울
영국대사관 부속건물(보수), 서울
문화방송 관악산 송신소, 서울
대한주택공사 초고층 아파트(현상설계), 서울

1986

삼성동 K씨댁, 서울
신용보증기금 전주 지점, 전북 전주
장로회신학대학 여생활관, 서울
한국기계연구소 용접 연수동, 충남 대덕
대웅페르멘타 발안공장, 경기 발안
동국대학교 80주년 기념관, 서울
충북은행 옥천 지점, 충북 옥천
충북은행 증평 지점, 충북 증평
충북은행 모충동 지점, 충북 청주
한국투자신탁 서면지점, 부산
한국경영자총협회 연수원(현상설계), 용인
Pakistan Army Sports Complex(계획안), Rawalpindi Pakistan

1987

경기은행 본점, 인천
제일상호신용금고 천안 지점, 충남 천안
동방간호전문대학 마스터플랜, 대전
천안중앙장로교회, 충남 천안
한국은행 수원 지점(본관 개수), 수원
아남 화양동 반도체공장(증축), 서울
한국진공기술 천원공장, 충남 천원군
전기통신공사(마스터플랜, 선로실습동), 충남 대덕군
제일상호신용금고 공주 지점, 충남 공주
중계시영아파트공구 실시설계, 서울
신승교회, 서울

1963.12 한국은행, 별관 건축
1964.01 후암교회, 건축, 54~57
1968.03 67년도 건축계의 문제점, 건축, 39~45
1974.03 최근 현상설계에 대한 소고, 건축, 71
1974.09 주택과 도시, 건축, 48~51
1975.09 한국은행 현상을 마치고, 건축, 54
1978.03 건축가 김정철, 꾸밈, 34~41
1979.01 호남석유화학 여천 사택, 건축가, 6~7
1979.08 경주 코오롱호텔, 꾸밈, 64~69
1979.09 호남석유화학 여천 사택, 건축가, 14~28
1979.09 일신제강사옥 건축가협회상 수상, 건축가, 14~28
1979.09 건축가협회상 심사평, 건축가, 14~28
1979.09 한국종합전시장, 꾸밈, 44~45
1979.09 건축가의 새로운 역할, 건축
1979.10 한국종합전시장 건축가협회상 수상소감, 건축가
1980.07 서울대강당 현상설계안, 건축가, 4~26
1980.07 국제경제연구원 현상설계안, 건축가, 4~26
1980.07 중소기업은행 마포 합숙소 현상설계안, 건축가, 4~26
1980.10 빛 갚는 인생이 되자, 샘터
1980.11 한국종합전시장,건축가, 28~29
1981.01 건축설계계획, 건축, 82
1981.03 대학설계교육의 방향, 건축, 45~51
1981.03 한국외환은행 본점, 건축가, 16~18
1981.07 설계경기 유감, 꾸밈, 18~19
1981.09 한국외환은행 본점 건축가협회상 수상, 건축가, 3~10
1981 뉴설악호텔, 한국건축가, 131
1981 한국종합전시장,한국건축가, 128~129
1981 한국외환은행 본점, 한국건축가, 130
1982.09 대학생 실습교육 좌담, 건축가, 30~34
1983.01 예찬받는 서울, 계간미술
1983.08 한국은행 인천 지점, 꾸밈, 70~71
1983.09 사학연금회관, 건축가, 37~39
1984.06 화합의 슬기, 건축가, 8
1984.10 전주서문교회, 꾸밈, 78~79
1984.10 정림건축 특집, 건축과 환경, 45~95
1985.05 코엑스, 건축가, 14~16
1985.05 SITRA '82, 건축가, 17~19
1986.01 한국수출입은행 본점, 건축가, 25
1986.03 건대상헌기념도서관 현상설계안, 건축가, 22~23
1986.09 로얄빌딩, 건축과 환경, 108~115
1986.09 한국수출입은행 본점, 건축가, 18~19
1987.06 연세대학교 알렌관, 플러스, 86~91
1988.01 건축가협회장 취임사, 건축가, 3
1988.02 한국투자신탁 개포 지점, 건축과 환경, 10~24
1988.04 연세대학교 100주년 기념관, 건축과 환경, 49~71
1988.07 좋은 디자인, 아름다운 건축, 플러스, 72~73
1989.01 한국종합무역센터, 플러스, 94~109
1989.02 새해에 하고 싶은 일, 건축가, 5

1989.12 기독교 100주년 순교자기념관, 건축과 환경, 94~106
1989.12 80년대를 회고하며, 건축과 환경
1990.02 90년대를 생각하며, 건축가, 3
1990.04 오늘의 오피스건축, 건축과 환경, 121~125
1990.12 건축가의 자세와 역할, 건축가, 8
1992.03 경기은행 본점, 건축과 환경, 81~105

김정철 약력

1932 평안남도 평양 출생
1952 대광고등학교 졸업
1956 서울대학교 공대 건축학과 졸업, 종합건축연구소 근무
1958 한국산업은행 근무
1959 한국은행 근무
1966 건축사(자격 취득)
1967 한국외환은행 근무, 정림건축연구소 고문
1969 한국건축가협회 이사
1970 서울대학교 공대 강사
1973 정림건축 대표
1974 대한건축학회 이사
1978 서울대학교 최고경영자 과정 수료, 대한건축사협회 이사
1979 한국엔지니어클럽 부회장
1982 대한민국 건축대전 초대작가
1984 한국건축가협회 부회장
1988 한국건축가협회 회장, 제20회 대한민국 문화예술상 심사위원
1990 한국건축가협회 명예이사
1991 중앙건설기술 심의위원, 한국인간개발연구원 이사

김정철과 정림건축
1967–1987

2017년 12월 28일

글: 박정현
편집: 정림건축문화재단
디자인: 헤이조
사진: 박영채
자료협조: 정림건축종합건축사사무소 홍보실

프로파간다
서울시 마포구 양화로 7길 61-6 3층
TEL: 02-333-8459
FAX: 02-333-8460
www.graphicmag.co.kr

ISBN 978-89-98143-52-7 (03610)

Kim Jungchul and Junglim Architecture
1967–1987

Dec 2017

Text: Park Junghyun
Editing: Junglim Foundation
Graphic Design: Hey Joe
Photography: Park Youngchae
Cooperation: Junglim Architecture, Public Relations

propaganda
61-6, Yangwha-ro 7-gil, Mapo-gu, Seoul, Korea
T. 82-2-333-8459
F. 82-2-333-8460
www.graphicmag.kr

ISBN 978-89-98143-52-7

Printed in Korea

박정현은 서울시립대학교 건축학과에서 박사 학위를 받았다. 『포트폴리오와 다이어그램』, 『건축의 고전적 언어』 등을 번역했으며, 『전환기의 한국건축과 4.3그룹』, 『아키토피아의 실험』, 『중산층 시대의 디자인 문화』(이상 공저) 등을 썼다. 〈Out of the Ordinary〉, 〈종이와 콘크리트: 한국 현대건축 운동 1987–1997〉, 〈베니스 비엔날레 2018 한국관〉 등의 전시 기획에 참여했다. 현재 도서출판 마티의 편집장으로 일하며 건축비평가로 활동하고 있다.